세월 속에서 꽃은 핀다

| 서병진 지음 |

시집을 내면서

여는 마음

아침 풀잎 이슬 방울방울 맺혀
방긋방긋 웃으며 해를 맞는 날
강남 갔던 제비가 박 씨앗을 주는
행운처럼 한 권의 시집을 또 출판
부끄럽게 생각하면서 마음을 열어본다.

대지가 메마를 때 촉촉이 내려 주는
단비가 한 모금의 생명수가 되듯이
시도 독자의 마음 속 깊이 새겨지는
시가 되어야 하는데 그렇지 못할 것으로
여겨본다.

시는 인생의 어두운 세월을 밝게 하는
하얀 미소이며, 목마를 때 한 모금 적시는
달콤한 생수이다. 기다리는 사람이 오지
않을 때 살포시 내리는 는개 같으며
물안개처럼 휘날리는 무지개이다.

어제와 오늘 그리고 내일을 대화하는 시간의
공간이다. 또한 고픈 사랑을 달콤한 사랑으로
위한 단물이며 아침 이슬이다.

먼 훗날 내 인생은 어떠한 마음의 빛깔로
깊게 물들어 흐르는 물이 되가
지난 세월을 생각하면서 내 삶을 튼튼하게
알차고 밝고 화사한 인생의 길이 되기를
밭을 일구고자 튼실한 씨앗을 심으련다.

2013년 8월 서 병 진

축 시

아름다운 사계절

서민재

예쁜 꽃피는 봄은
친구들 손에 손잡고
뛰어노네

태양이 심술부리는 여름
구름도 태양에 기죽어
물러가고

울긋불긋 예쁜 나뭇잎이
오색 가을 풍년 되어
얼굴에 함박웃음으로

하얀 눈 펄펄 내리는 겨울
장갑, 코드, 목도리 두르고
나가서 뛰논다.

주 : 부흥초등학교 2학년 6반(2011.12.26), 창덕궁 나들이 4쪽
청계문학세미나(2013.04.25.목), 자료집 13쪽
한국문학신문(2013.05.15.수), 제115호 4면
월간 한국국보문학(2013.05.25), 통권 58호 6월호 64쪽
현재 부흥초등학교 4학년 재학
저자(서병진)의 장손자

세월 속에서
꽃은 핀다

세월 속에서 꽃은 핀다
삶은 세월 속에서 핀다

| 1부 |

Contents

|2부| 이파리 없는 나무도 숨은 쉰다
이파리 없는 나무에도 새들은 온다

Contents

고향은 어머니 강

| 3부 | 고향은 어머니 강물이다

Contents

가산으로 가는 길

| 4부 | 아름다운 산은 푸르다

Contents

세월 속에서 꽃은 핀다

삶은 세월 속에서 핀다

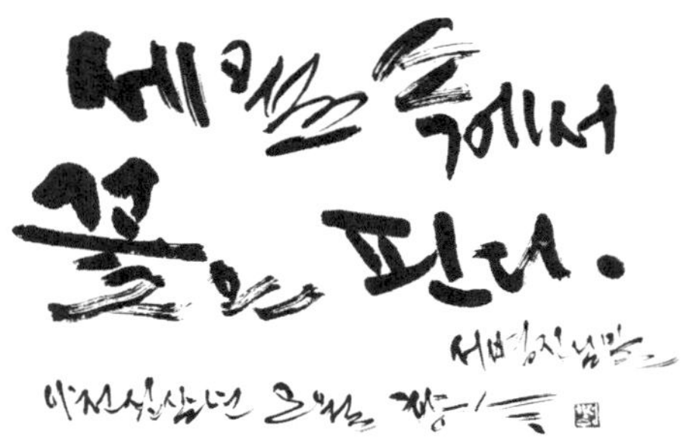

제1부

초록잎 인생

초록 잎새에서
지난 밤 놓친 이슬을 찾는다
봄 햇살이 창가를 서성이거든
손 맞잡은 풀잎보다
초원을 가슴에 품고
푸른 하늘 떠다니는 하얀 뭉게구름에
내 삶을 수다스런 여름비 벗하는 날이면
참말로 사는 맛이 나겠지

산 위에 오르면 바다가 고요하다
바람은 억세게 눈을 가리다가
가슴 틈새 초록빛 빗살무늬 비치니
환하게 맞아들어 한없는 가슴 앓이
겨우내 서리 위에 이리저리 밟히고
하늘 그늘 가려워도 초록빛으로
돋아나는 삶의 초록잎 나부기는
세월 속의 인생 초록잎 인생.

주 : 청계문학(2012.09.06), 제2호 35쪽

진달래꽃

겨우내 옷 벗고 있어도
하얀 눈꽃 이불 삼아
씨눈 하나 품안 간직하고
태시(胎屎)를 기다려 왔다

동 섣달 기나긴 밤하늘
하나의 씨눈 싹트는 소리에
삼라만상 기지개로 꽃잎을
활짝 펼쳐 본다

동산마다 피는 두견화야
하얀 마음 핀 두견화야
가지마다 활짝 웃으며
임을 기다리는 꽃잎 입술
검푸른 립스틱 바르고
촉촉한 입술로 기다려 본다.

주 : 한국문학신문(2013.04.17.수), 제111호 4면

이름표를 단 꽃

이름 모른 꽃
이름표를 달고
창틀 안에 흘러나오는
청아한 음률 맞추어
춤추며 노래하는 꽃들의 향연
어제, 오늘, 내일도
즐비는 꽃박람회

벌, 나비들은 꽃을 찾아
동반자와 함께 헐헐 날아
호수 가에 핀 꽃밭에 앉아
무지개 터널 넘나들며
짝지어 사랑의 노래로
파하란 하늘까지
자유를 누리고 있는데

시간의 계절을 잠시
닫힌 공간에 삶을 맡겨도
채워지지 않는 그 향기에
자그마한 한 가슴에 행복도
잠시인 것을 떠들썩하게
법석거린다.

주 : 문예춘추(2012.07.13), 제9권 통권 26호 286쪽
청계문학(2012.09.06), 제2호 36쪽

목련화 필 때면

목련화 필 때면
그대 생각 따라 피어
슬픈 뒷모습이
어렴풋이 잦아든다

어느 따스한 날
목련화 한 송이
가슴에 꽂고
추억의 그림자로
함께 거닐던 사랑이어라

목련화 뚝뚝 떨어지는
지난날 사랑이야기
잊을 수 있을까

그대 떠난 빈자리
가슴앓이
목련화는 새하얗게
움츠러든다.

주 : 문학마실(2012.02.01), 2월호 제21호

목련화 피면

목련화 피면
그때 그 생각에
그대 슬픈 뒷모습 어렴풋이
기억 속에 빠져 본다

어느 날 우리 따스한 날
목련화 내리는 그림자 꺾어
가슴에 꽂아 걸던 추억들
언제나 내 사랑이어라

내 사랑 걷는 목련화는
뚝뚝 떨어지는 소리에
아름다운 사랑얘기를
잊을 수 있을까

그대 떠난 목련화는
아픈 가슴 빈자리에
하얀 목련화는 움츠러지고
자주 목련화도 움츠러진다.

주 : 한국작가(2012.03.01), 2012년 봄호 제 9권 통권 31호 174쪽

목련화 피는 날

목련화 피는 날
촉촉이 내리는
봄비 맞으며 걷던 거리
그대 생각에
다정하게 걷던 꽃길
얼굴 비비며 걷던 거리
함박웃음으로 사로잡는다

지난겨울 함박눈이
펄펄 내리는 날에
내밀한 사랑을 속삭이던
그날이 이제야 혹독한 삶이
새록새록 생각이 난다

그대는 떠나지만
봄이 오면 목련화는
꽃망울 맺어 활짝 피는 날
고독을 삼키면 새 삶의 날을
기다려본다.

주: 문예춘추(2011.07.15), 제8권 통권 23호 156쪽

4월

꽃물이 내린다
나뭇가지마다 꽃망울 터져
속살 배시시 내미는 빛살
겨우내 차디찬 눈꽃 사랑해
태시(胎屎)를 본다.

독도

대한의 동해 푸른 바다
태고로부터 자리 잡은
크나큰 바위 독도는
영해 지켜온 외로운 파수꾼
우리의 태극기 가슴 두르고
한글의 언어로 출렁이는
파도 너울과 함께
아리랑, 도라지 대한의 민요를
갈매기 나래로 너울너울 춤을 춘다

사방팔방 둘러봐도
대나무라는 한 포기도 보이지 않고
바위 새겨져 있는 한국령 선명하다
깎아지른 바위 틈사이로
대한의 혼이 넘실대는
대한민국 경상북도 울릉군
울릉읍 독도리 1-96번지
독도는 예로부터
대한의 땅으로 외롭지 않다.

주 : 호국보훈시화전(2012.01.16~12.31), 서울 충무로역 내
동방문학(2012.03.30), 통권 제61호 234쪽

시의 노래

시는
메마른 대지에 촉촉이
적시는 아침 이슬이고
인생의 어두운 세월을
밝게 하는 하얀 미소이며
목마를 때 한 모금 적시는
달콤한 생수다

시는
기다리는 사람 오지 않을 때
살포시 내리는 는개이며
먼지 나는 가슴을 물안개처럼
휘날리는 무지개이다

시는
고픈 사랑을 달콤한 사랑
되기 위한 단물이며
어제와 오늘 그리고 내일을
대화하는 시간의 공간이다.

주 : 동방문학(2012.03.30), 통권 제61호 233쪽

독도여!

동해를 끌어안은 푸른 파도는
겨레의 힘찬 심장 박동을 품고
이 땅이 걸어온 소망의 역사를 넘어
한반도 미래 열며 세계로 향한다

태초의 땅 바다를 끌어안고 경계를 세울 때
한민족의 기상 떨치며 솟아오른 굳센 독도여
대한이 세상으로 뻗어갈 길목을 지키며
거친 바다 딛고 우뚝 선 민족의 파수꾼

결연한 의지의 바위에 선명한 한국령
깊은 바다 물결 헤치며
민족혼 품고 의연히 서있다
외로운 바다 짙푸른 파도와 벗하며
축복의 하얀 물꽃 피워 올리는
바위땅 독도여!

너와 나의 심장에 더운 피로 살아 있다
수 천년 영욕의 세월 딛고

이 땅에 뿌리내린 뜨거운 가슴마다
동해의 우리 땅이 살아 있다.

주 : 청계문학(2012.09.06), 제2호 33쪽
대한민국 순국선열유족회 (2012.09.08),
제3회 나라사랑 詩 낭송회집 79쪽, 독립공원 시화전

매미의 노래

깊은 땅 낮은 곳에 숨었다
생명의 원함이 날개를 입을 때
어둠 속에 묻어둔 목마름이
한 모금 수액으로 만족할 때까지
메마른 시간을 끈질기게 붙들었다

마침내
너를 향한 부르짖음은
숲의 모든 여백을 채우고
하늘 허공으로
인생의 숱한 생각 끌어내며
지치지 않는 한여름을 연다

수고로움과 헛됨에 대한
두려움은 뒤로하고
소망의 날갯짓으로 너를 찾는다
수 삼년을 버텨온 세월도
하루면 족하다
너를 만나면 하루면 족하다

오늘도
긴긴 세월 참았던 눈물처럼
너를 향한 간절함을 토한다
작은 가슴 터질 듯한 소망으로
너를 만날 기쁨을 노래한다
하루면 족하다
너를 만나면 하루면 족하다.

주 : 동방문학(2011.09.30), 통권 제58호 46쪽

바다의 존재

그 옛날 창조주가
한 겹 휘장을 펼쳐 하늘빛 채우고
땅의 모퉁이에 일어나는 바람을 불렀다 한다
하늘빛 닮았고 바람을 안았으니
끝없는 생명의 역동은 정한 운명이던가

도도한 땅의 경계를 향해 온몸으로 달려들다
매번 거친 숨을 내쉬며 돌이키고
다시 또 다시 높고 넓은 터를 탐하며
기력이 진하도록 쉼 없이 달음질한다

세월을 잊은 바다의 일상 앞에
햇살 아래 풍요롭고 나른한 황금빛 모래도
땅의 경계를 맡은 충직한 바위벽도
깊은 탄식으로 젖은 발걸음 붙든다

엄격한 바위벽 눈매 간절함이 맺히다
먼 길을 달려온 바다와 가슴 부딪치며

거침없이 목청껏 깊은 속을 털어내고
긴 허리로 누운 무료한 세월의 햇살 모래도
물길 발자국마다 하얀 꽃잎을 준비한다.

주 : 동방문학(2012.07.30), 통권 제32호 190쪽

바다

넓으면 넓고
깊으면 깊은
시작 끝도 없는 바다
시간을 넣어 그려봐도
그려지지 않는 도화지

망망대해 넘실대는
물결에 하얗게 부서지는
파도에 엉기고 뒤얽히는
푸른 물결에 가슴 쪼이는
삶을 노래로 보낼 수 있는 바다

하늘과 땅
바다의 존재를 거울에
비춰도 비치지 않는
그 생김 차곡차곡 쌓아 둔 바다

신비함을 감추어
욕심쟁이처럼 탐하는
서리 밭 서리꽃 피는 꽃처럼
그 누구도 가치의 삶을
헤아릴 수 없는 크나 큰 하나의
우주의 영역 바다이어라.

주 : 계절문학(2013.03.15), 2013 봄호 통권 22호 72쪽

돌에 시를 쓰면

별이 숨어든 하늘 아래
이슬시가 내리면
메마른 땅 숨을 얻고
지쳐 누운 풀잎들 일어나리

산 위 올라
향기 나는 시를 뿌리면
바람시가 닿는 곳마다
꽃이 피어나리라

돌에 시를 쓰면
거친 세월 벗겨지고
너와 내가 마주할
나눔 시간이 찾아든다

돌에 시를 쓰면
돌이 숨을 쉰다

돌에 시를 쓰면
하늘에서 별이 내린다.

주 : 월간 한국국보문학(2012.01.25), 2월호 통권 42호 79쪽
시인부락(2012.11.13), 제4집 131쪽

시를 돌에 쓰면

하늘까지
땅속까지
숨을 쉬는 것이라면
숨을 다 쉬는가

시를 돌에 쓰면
내 마음 돌에서
나를 부른다

내 마음 가득 담아
쉬 없이 넘쳐흐르는
사랑 이야기 나눈다

시를 돌에 쓰면
돌이 숨을 쉰다

시를 돌에 쓰면
하늘에서 별이 내린다.

주 : 문학마실(2013.02.01), 2월 33호 11쪽

돌은 돌이요 시(詩)는 시다

돌은 돌이요, 시는 시다
돌에 시를 쓰면 돌은 숨을 쉰다
돌이 아니면 돌이 아니고 시가 아니면
시가 아니다

돌에 아무리 시를 쓰더라도 돌은 숨을
쉴 수가 없을 것이다
돌은 숨을 쉴라 해도 시가 아니면 숨을
쉴 수가 없는 것 아니겠느냐

돌에 앉아 시를 읊으면 하늘에서 별이
쏟아지는 듯 은하물결이 눈을 가리는
마음의 돌에 마음시를 쓰면 마음 숨을
쉴 수도 있을 것이다

그리하여 나는 돌에 시를 쓰면 돌은
숨을 쉰다는 것을 전제하는 것이다.

주 : 문예춘추(2012.03.16), 제9권 통권 25호(2012년 봄호) 429쪽

단비 같은 시

겨울을 지나
봄의 꿈을 피우는
식물에 내리는 봄비처럼
일상의 고담함과 싸우며
하루하루를 보내는 사람들의
치열하고 외로운 세상길을
함께하여 밝은 길 하얀 미소
얼굴 갖는 사람의 희망과
용기를 주어 촉촉한 이슬에
맺힌 사랑방울 되도록
단비 같은 시를 보내고 싶다.

주 : 불교문학(2012.11.12), 제14호 184쪽

아름다운 말꽃 시인

겨울 하늘이 넓은 옷소매를 흔들며
산너머 가득 하얀 구름을 뿌리며
투명한 얼음바람이 하얀 꽃을 내리고
늦은 밤 새봄을 준비하는 겨울 나목은
끈질기게 언 땅을 달래며
깊은 뿌리마다 더운 수액을 품는다

밤하늘이 별을 띄우면
감출 수 없는 폭포수 가슴을 따라
수줍고도 수줍은 맘을 뒤로하고
상념의 지도를 붙들고 낯선 여정을 준비한다

그 곳에는
한 여름의 매미 울음소리가 잠들어 있고
가을 나무와 이별한 낙엽의 이야기가 있다
그리고
그네들의 나지막한 속삭임이 잠들면
시인은 봄 햇살을 펼치고
촉촉한 여름 안개와 맑은 가을빛을 초대한다

아름다운 말꽃 박혜숙 시인
그이가 있는 곳에 잊어지는 기억은 없으리라
낮은 밤에게 속삭이고
밤은 낮에게 영원의 언약을 맺었으리니
한 밤을 건너온 시인의 창가에는
새벽을 기다리는 아침노래가 풀잎 그네를 탄다

꽃술하모니 박혜숙 시인
고운 마음 굳게 지키는 따뜻한 강함이 빛난다
그이가 차가운 바람 스치는 겨울 정원에
별을 쏟아내는 은하의 빛을 빌어 밝히고
영혼의 배고픔을 달랠 시의 식탁을 펼치면
온 땅에 꽃향기 가득한 찬탄의 찬치가 열린다.

주 : 박혜숙 아름다운 말꽃 시집(2012.07.27), 축시 12쪽

고란사 풍경소리

고란사 풍경소리
풀벌레 잠을 깨운다
응어리진 마음 서러워
아픔과 슬픔의 눈물
굽이굽이 흐르는 백마강
이 땅을 유유히 흐른다

부소산성 깎아지른
낙화암 벼랑 애달픈 사연
밤마다 혼백 담아
누런 강물에 뜨는
저 푸른 산 내미는 손
풍경소리 메아리 되어
잠 못 이룬다

바위틈 새로 툭툭 떨어지는
생수 머금은 고란정(皐蘭井)도
발걸음 묶는 기이한 고란초

한 잎 두 잎 마음으로 띄워
한 모금 두 모금 마시는 약수
천만년 꽃피어 열매 맺도록
두 손 모아 보련다

해 질 녘 나루터 노을
꽁꽁 묶인 주인 잃은 나룻배
누구를 기다리는지 선 채로
기암괴석 깊숙이 서린
삼천궁녀 원혼 달래는
목탁소리 풍경소리에
풀벌레는 밤낮으로 울어댄다.

주 : 종로문학문학(2012.12.31), 통권 제12호 187쪽
신서정문학(2012.12.31), 제2호 56쪽

삼천궁녀

한 생애 한 낭군을
품에 안고 살았던 몸
한스럽고 한스러웠던 이 몸
굽이굽이 세차게 흐르는 강물에
두 손 모아 눈을 감고
깎아지른 낙화암 아래로
내 몸을 던졌으니

백마강 나루터
황포돛배 사공아
이 물속 내 원혼을
하얀 면사포에 혼백 담아
낭군 베갯머리로
오늘 밤 정사를 이루리

긴긴밤 지새우기 그만
언제 또 다시
임의 메아리 되어
내게로 오시려는지

왜 이렇게
임을 기다리고 있는지
아직까지도
고란초 맺힌 이슬방울
적시고 있는지

삼천궁녀
오늘 지금도
목탁소리 풍경소리에
풀벌레는 울고
고란사를 맴돈다.

주 : 불교문학(2012.11.12), 제14호 183쪽

한스런 삼천궁녀

삼천궁녀
한 낭군 품에 안고
한 생애 살았던
백제의 크나큰 임
한스런 이 몸부림을
굽이굽이 흐르는 백마강에

한숨으로 안고
기암절벽 낙화암 아래로
유유히 흐르는 강물에
내 곱다한 몸을 던졌으니

나룻배 뱃사공아
이 강물에 떠다니는
내 원혼을 위로해다오
그렇게 멋들어진 모습을
이제는 내 곁으로 다가올
날도 되었는데

기다리는 임은
언제쯤
메아리 되어 오시려는지
삼천궁녀는
어제오늘도 목탁소리에
고란사를 어찌 떠나리.

주 : 한국시인연대, 한강의 시혼(2013.02.25), 제22집 200쪽

우주시대를 열다

대한민국 고흥 언덕바지
우주로 가는 터를 이루어
미래를 반짝이는 깃발
우주발사 전망대 환호의 함성이
지구에서 우주로 펴져라

2013년 1월 30일 오후 4시
지표의 힘을 쏴
꼬리에 횃불 달고
나 홀로 지구를 떠나
우주로 향하는 3차 발사

가슴 쪼임 메아리는
방방곡곡 울림에
하얀 눈꽃 녹아
끈기 자랑 우리의 꽃
무궁화 피었네

나로호 우주로 쏴 올린 날
우주시대를 연
대한민국은
우주로 나아가는 대한민국
우주강국 대한민국 빛나다.

주: 고성신문(2013.02.01.금), 第678호 15면
가산의 새벽편지(2013.02.06.수) 제1호
한국문학신문(2013.02.20.수), 제103호 5면

우주시대 열다 창작노트

계사년은 어느 해보다 지혜로운 해라고 한다.
1년은 12달 365일이다. 간지는 12개의 종류이다.
간지는 천간과 지지의 십간과 십이지의 동물을
상징하는 것이다.
계사년은 뱀의 해이다. 사(巳)는 뱀 사자이다.
뱀은 지혜로운 동물이라고 한다.
뱀은 앞으로만 보고 가는 동물이다.

지혜로운 해 첫 달 1월에 우주시대를 연 해이다.
나는 1월 30일 오후 4시에 나로호 3차 발사한다는
정부에서 발표를 듣고 이번에는 꼭 성공하기를
기원하면서 그날을 기다렸다.
하필이면 그날은 문학행사가 있는 날이다.
하지만 꼭 TV를 보아야한다는 신념을 가지고 있었다.

행사장에서 조금 일찍이 나와 집에 왔어 처음부터
끝까지 시청하였다.
발사 카운트다운 할 적에 두 눈을 감기도 하였다.
또 행여나 싶어서 그랬다.

지표에서 쏴 올린 나로호가 엄청난 소리와 수증기를
내면서 하늘 높이 오를 적에 두 손 모아 성공의
기원을 하였다.

우리나라는 우주시대로 가는 대한민국이다.
대단한 나라이다. 시청하면서 계속 사진을 찍었다.
2번 실패하고 3번째이므로 가슴 조였다.
올해는 지혜로운 계사년 첫 달이고 우리나라의
첫 여성대통령 탄생한 해이다.
국민 모두 축하하는 해이다.

나는 TV보면서 우리나라 국민은 창의성이
수월하고 끈기 있는 국민성을 자랑하고 싶다.
나로호 3차 발사 성공하는 것 본 국민 모두는
환호의 함성과 축하의 박수를 보냈을 것이다.
나는 박수와 축하의 시를 이렇게 보냈다.

주 : 가산의 새벽편지(2013.02.06.수), 제1호
한국문학신문(2013.02.20.수), 제103호 5면

춘곤증

길섶의 새 생명소리
마른 잎 사이로
파릇파릇 솟아
수줍듯이 멋을
부리는 새 생명들

산골짜기 흐르는 물
낙엽을 삼키면
바위틈 사이로
다치지 않고 졸졸
흘러가는 춘곤증

어느새 춘곤증은
유채밭 담장 너머
아롱거리는 아지랑이
허울 없는 심신을 누워
팔을 베개 삼아 오수를 누린다.

주 : 청계문학(2013.07.01), 제3호 봄 · 여름호 276쪽

나팔꽃

울타리 따라
위로 위로
아침 이슬 먹고
맑은 웃음을 던져 주는
예쁜 꽃잎 얼굴들

가는 몸매에 질긴 생명에
홀딱 반하는 나비들
입맞춤이라도 하고 싶어
찾아드는 벌들의 잔치
나팔꽃은 피었다.

주 : 청계문학(2011.10.31), 창간호 93쪽

구실잣밤나무 꽃향기

무늬 있는 와이샤스를 입고
좁다란 한 물방울 넥타이를 매고
요즘 나온 검정색 양복을 입고
시집 몇 권 넣은 가방을 들고
지하철을 타고 종로로 간다

사람도 많다
가시 돋친 털이 많다
입었는지 올린 것이지
머리를 휘두른다
두 눈 뜨고 볼 수 없어
한 눈은 돌리고 시집을 읽는다

"이파리 없는 나무도 숨은 쉰다"
절망은 없다
희망과 용기가 생긴다
뜨겁게 끓인 차 마시는 것보다
더 뜨거운 용기가 생긴다

점점 타 오른 가슴 속에
라일락 꽃향기보다 더 진한
밤나무 꽃향기 차내 휘어 감는다
꽃잎 떨어져 주렁주렁 영글는
구실잣밤나무 꽃향기를 마신다.

주 : 문예춘추(2012.10.31), 제9권 통권 27호 200쪽
시인부락(2012.11.13), 제4집 133쪽

지구촌 새 한 마리

새 한 마리가
빙빙 돌고 있다
방향을 잃었는지
떠날 생각하고 있는지
지구를 뱅글뱅글 돌고 있다

지구 한 모퉁이에 서서
생각하면 생각 할수록
모래주머니 채워 수 없는
이 땅의 조물주 유효기간이
도래하는지 빨리빨리 내 놓는다

바다가 갈아지고
땅이 벌어지는 지구촌 생존
나뭇가지에 엮어 놓은들
뿌리가 병들어 흔들흔들하는데
어찌한들 흔들흔들하지 않겠느냐

태고로부터 이어온 땅
이제야 와서 앞 갈려 눈에 눈으로
비타민 뿌리고 모래주머니 탯줄을
다듬고 또 다듬어 튼튼한 지구촌 터전
푸르름 꽃이 피워나는 이 땅을 지키리라.

주 : 월간 한국국보문학(2013.06.25), 통권 59호 7월호 54쪽

이파리 없는 나무도 숨은 쉰다
이파리 없는 나무에도 새들은 온다

이파리 없는
나무는 숨을 쉰다

서병진님 말

이천십삼년 오월 하늘.

제2부

찻잔의 향기

반짝이는 거리에서
여인을 만난다
하늘도 반짝거리고
희끄무레한 둥근 얼굴
수줍은 듯 내미는 향기는
찻잔에서 나오는 향기인가

찻잔을 마주하여
그림을 그리고 또 그려
차의 향기를 마신다

콧물 찌르는 차향에
땀방울 툭툭 떨어지는
찻잔의 얼굴이 불그스레해진다

라일락 무늬 이불 속에서
미친 듯이 구실잣밤나무
꽃 향을 뿌린다.

주 : 동방문학(2013.05.30), 통권 제68호 218쪽

이파리 없는 나무도 숨은 쉰다 창작노트

어느 날 해 질 녘 어스레한 곳 쭈크리고 있는
사람에 다가가서 희망은 있다는 용기를 심어
북돋웠다.

사람의 삶이 말로 풀어낼 수 없는 때가
얼마나 많은가? 많은 이들은 풍요를 노래하고
누릴 것이 많은 세상의 즐거움을 자랑하지만
가난한 자는 간절한 소망을 기도로
하늘에 올리며 자탄하는 일이 얼마나 많은가

고단한 삶을 사는 이 땅의 사람들에게
어떤 위로를 더할 수 있을 것인가
꿈을 잃어버린 청소년들에게 가파른 구직의
언덕에서 힘겨워하는 청년들에게 격변하는
사회의 변화 앞에 작아지는 장년들에게
늙음의 무게를 감당하지 못하는 어르신들게
그저 한 마디 작은 외침을 전한다.

"이파리 없는 나무도 숨을 쉰다."고...
이파리 없는 나무도 숨을 쉬거든
용기와 희망이 있다는 것을 잊지 말고
사람들아 우리는 뜨거운 피를 가졌거늘
우리는 희망을 가질 권리가 있거늘
우리에게 주어진 귀한 생명을 값지게
펼쳐내어야 마땅하지 않는가
이파리 없는 나무에도 새들은 온다.

- 이파리 없는 나무도 숨은 쉰다 -

이파리 없는 나무는
계절에 따른 움츠림에
껍질로 감싸 안은
그 나목 숨소리 나는 좋아

비바람 설한풍도 이겨내어
새로운 삶의 꿈을 간직하고
삶의 표상 새순을 틔우며
정열을 꽃피우는 나목의 기상

풍상을 이겨내며 솟구쳐온 기백이며
펼쳐내는 가지마다 풍성함 드러내고
포근한 가슴으로 세상을 안겨주는
이파리 없는 나무에도 새들은 온다.

울어보자

사는 것이 무엇이며
무엇으로 사는가
아프면 아픈 대로
울고 싶으면 울고
눈물 나면 나는 대로
실컷 울어 보아야지

잊어야 하는데
떠오르는 것은 무엇이던가
어찌 울음이 나를 떠나지 않는가
후련하도록 목 놓아 울어야지
울다보면 거짓이 진실처럼 여겨지는
어제와 오늘 그리고 내일도 울어야지
힘이 들면 시간에 맡겨 놓고 울자

애틋한 사랑이 너무 짧은 시간이어서
사랑이 무엇이냐 묻지 마라
차라리 오늘은 아픔을 노래하라
내일은 희망의 노래를 하늘 닿도록 부르자
바보처럼 이파리도 없는 나무에 집을 지으며
새둥지에 새살림 차려 알을 낳아
새 생명 탄생시키리.

주 : 불교문학(2012.05.31), 제13호 172쪽

복날에

무더운 중복 날
방울방울 이슬처럼
맺힌 육수 땀방울
매미는 애달픈 노래로
개미는 바쁘게 일하는 모습
참 느낌이 와요

중복더위도 십일이 지나면
곧 아침저녁으로 서늘해지겠지요
가는 더위처럼 세월이 달려가는데
우리의 인생살이는 언제쯤이나
산마루에 올라 넉넉함을
보낼 수 있는 날이 오겠지요

내일 또 내일 하면서
보낸 시간들 수많은 인연 중
이렇게 소식 전할 수 있는
당신이 있어 행복합니다
오늘 만큼은 맛있는 보양식
드시고 힘내세요. 파이팅! ^^

주 : 고려달빛(2012.11.11), 제65호 58쪽

은하에서 내린 시인

청아한 시인
밤마다 하늘에서 반짝이는
수 없이 떨어지는 시심을
한 주먹으로 꼭꼭 모아
한 폭에 읊고 지은 국민의 시
너 나 없는 가슴으로 품는 시

여명의 문설주에
바늘 같은 햇살이
환한 빛을 발하는
열광을 가슴으로 안아
은하의 하늘에서 내린
은하의 하모니 시인

그대의 수많은 작품들
찬란한 아침 이슬 풀잎
방울방울 맺힐 듯이
영원불멸한 명작으로
길이길이 산울림 되어
국민의 가슴에 빛나리라.

주 : 월간 한국국보문학(2013.04.25), 통권57호 5월호 48쪽

산에 꽃이 피며

산에 꽃이 피었네
산마다 꽃이 피었다

꽃피며 찾는 님
벌, 나비의 사랑

산 너머 가시는 님
꽃잎 따서 품안 간직하여
가슴으로 사뿐히 내밀며
하염없는 눈물로 속정을
주고받는 내밀한 사랑

나뭇가지 엮은 사랑
봄이며 피어오른다
산마다 피는 꽃은
꽃바람 나부끼는 나그네
동네마다 향을 마신다.

주 : 청계문학(2013.07.01), 제3호 봄 · 여름호 271쪽

연(蓮)처럼

연못에서 자라는 연은
세파에 물들지 않는 연이라
아침이슬처럼 청량하고 순수함을
밝고 맑은 메시지를 전하는 연

연잎의 이슬은 방울방울마다
천가지만가지 보배를 담은
중생의 아름다운 꽃이로다

진흙탕에 피어나도
아름다운 꽃 피우고
명경 같은 맑은 마음
연처럼 되고 싶다.

주 : 불교문학(2011.12.10), 제12호 223쪽

마음의 사슬

개울물은
맑고도 투명하는데
살며시 마음을 토해 낸다

아련한 기억 되새김 속을
누에에서 명주실 뽑는 듯이
꿈틀 꿈틀 끈질끈질하게
늘어놓아 마음의 사슬로

꼼짝 못하도록 사로잡아
맑은 물소리 나뭇가지
걸어 마음 묶어 놓는다.

주 : 월간 한국국보문학 동인집(2011.10.22),
제12호 내 마음의 숲 188쪽

청령포

굽이굽이 흐르는 눈물
관음송(觀音松)도 슬퍼
눈물이 툭툭 떨어져
용두형상 가피되어구나

깎아지른 청령포
울창한 송림에 덮어져
볼품없는 금표비 넘나들지
못하는 이내 마음 슬픈 이어라.

주 : 한국시대사전(2011.03.31), 1417쪽

아우내 장터에서

그날은 어찌 잊으리
아 ~ 어찌 그날을 잊으리야
그녀의 목청 터져라 아우내 장터
태극기 손에 들고 벌떼처럼 모여
하늘 높이 외쳤던 대한독립 만세
방방곡곡 메아리 되어 울부짖는
그날이 어찌 잊힐리야

용수를 씌우는 날
하늘도 울고 땅도 울어
너울대는 파도도 멈추어서라
쏟아지는 하늘 눈물 가슴으로 담아
가녀린 끓는 핏방울 씨앗 되어
샘솟는 꽃망울 이 땅을 지키리

먹구름 천둥소리 그녀의 열사
가마솥 부글부글 끓는 돼지국밥
삶아 삶아도 삶기지 않는 그놈들
건더기 하나 둘 건져 도마 위 얹어
하얀 접시 군소금 간을 맞춘다
이제야 국물 되어 술술 먹는다.

주 : 한국문학신문(2013.06.05.수), 제117호 4면

한강의 선유정에서

한강 선유도는
서울을 아름다움 더하는
높낮음을 타고 흐르는
한강이여

강 언저리 선유정
일렁이는 물결에
삶을 띄워보니 정회가
홉이 섬으로 되는구나

강물 따라 흐르는
아리수는 서울시민의
젖줄이여
생명수여

어느새 해는
뉘엿뉘엿 서산으로 기우니
아리수는 황홀의 너울에
한 잔의 술잔에도

백로가 목 타는지 노을 속으로
너울너울 사라지구나

산바람 강바람
앙가슴 스치는 오로라
자작나무 대나무 숲 터널
아, 여기가
천국이로구나.

주 : 월간 한국국보문학(2013.04.25), 통권57호 5월호 46쪽

겨레사랑 숨 쉬는 곳

나라사랑 꽃피는 동산
님의 늠름한 모습
눈앞을 가려 두 눈 뜨고
바라볼 수 없어 그만
눈을 감아 버렸습니다

한 조각구름마저도 슬퍼
천둥소리 한 울림에
낙숫물 쏟아내는 눈물
어이 잊을 수 있겠습니까

그대의 산화된 몸
의로운 영혼
이곳 고이 묵묵히
잠들고 계시지요

엄마, 아빠, 형제여!
그리운 아내여!
사랑하는 아들, 딸들아!

아빠는 조국을 위해
몸을 이곳에 바쳤다

사랑하는 아내여!
미안합니다
사랑하는 아들, 딸들아!
미안하다고...

아빠 없는 나날 힘겹지만
아빠를 용서해다오
아빠는 해마다
예포 21발에 잠을 깨운다.

주 : 고려달빛(2012.08.11), 제64호 36쪽
종로문학(2012.12.31), 통권 제12호 185쪽
신서정문학(2012.12.31), 제2호 57쪽

선유정(仙遊亭)에서

유유히 흐르는 한강
강물 따라 흐르는
아리수는 서울시민의
젖줄이며 생명수이다

선유정에 올라
강바람 안고서 일렁이는
물결에 삶을 띄우며
바람도 한 잔 강물도 한 잔
하얀 물결 마음을 씻는다

자작나무 곧은 길
대나무 숲 터널
참새들 넘나드는
연인의 천국이로구나

하루가 서산으로 기우니
어느새 아리수는 붉게 타
일렁이는 물결 한 잔의 술잔에
산새들도 노래하며 춤을 춘다.

주 : 시인부락(2012.11.13), 제4집 134쪽

서울도서관 개관하는 날

서울도서관 첫선 보는 축전
서울광장 푸른 잔디둘레 즐비는
책들의 향연 한마당 잔치
책씻이 아시나요

서울 북페스티벌 팡파르 울리는
이천십이년 시월 이십육일 다섯시
달빛과 별들이 쏟아놓는 밤하늘
파하란 잔디 구르는 꿈 줍는다

옛 서울시청사 베일 벗고
시민의 마음 안식처 되는 요람
구석구석 숨은 보물 찾아
곧은 길 바른 길 찾는다

별 하늘
반딧불 반짝반짝 책벌레
책장 속 잠들어 있는 책을 깨워
책갈피 속에 튼튼한 씨앗을 심는다.

주 : 청계문학(2013.07.01), 제3호 봄 · 여름호 272쪽

윤동주문학관 개관하는 날

인왕산 자락
뙤약볕 내리쬐는
창의문 마주한
나지막한 언덕에
이슬 맺힌 풀잎 향연
다듬길 굴곡 타는
문향의 언덕길

하늘은 드높아
깃털 뭉게구름은
바람결에 휘날리고
밤하늘 별들은 시를 뿌려
가슴 시 담아 읊조리는 산새들
한 점 부끄럼 없이
님의 잎새 노래 부르노라

바람타고 은하에서
쏟아지는 별들의 언덕
동 선달 얼음 꽃이

강물에 뛰노는 잉어와 같은
청년 윤동주 시인 얼로 피었네
하늘, 바람, 별이 함께하는
님의 문향 하늘 높이 펼친다.

주 : 윤동주문학관 소재지 서울시 종로구 청운동 119번지
윤동주문학관 개관식 2012년 7월 26일(목) 오후 5시
2012 낙동강(2012.10.10), 第62회 낙강시제 시선집 82쪽
시인부락(2012.11.13), 제4집 131쪽

실버들처럼 부드러운 사람

개울가에 천지만조로
휘늘어져 있는 수양버들
맑은 물먹고 흐르르
생수가 되어 맑은 물소리
아낌없이 퍼부어 준다

천실만실로 늘어진 길가의
주르르 서 있는 능수버들
햇살이 한낮 절이 되니
축 늘어진 잎파랑이는
가만한 바람을 목 이겨
흔들흔들 그림자 던져준다

실버들 그림자 마주 앉아
오순도순 정담 나누는
평온한 마음으로 더없는
인생의 삶을 가져다주는
실버들나무가 그립다

지금 나는
실버들처럼 부드러운
사람이 되고 싶다.

주 : 2011낙동강(2011.10.10), 제61회 낙강시제 시선집 96쪽

존재하는 사람

떠나고 보니 자꾸 눈물이 난다
못다 한 사랑이 자꾸 생각이 난다
목소리도 휘어 감고 얼굴도 해맑고
실버들처럼 생긴 그 사람은
마음만은 알 수 없는 사람 그 사람

떠나가는 날은 캄캄한 밤이었든가
빛이 필요한 사람은 빛을 주고
사랑이 필요하면 사랑을 주어야하는데
소중함을 알면서도 못하는 이들은
비우고 또 비어 내어 주고 또 내어 주는
마음이 부족함을 이제야 알것이다

떠나고 남은 것은 지고지순한 사랑
밤마다 찾아드는 사랑에 못 이겨
노래도 부르고 고함도 찌르며
한없는 눈물이 솟다지는 순간
정갈한 마음으로 살기 위하여
하늘을 향하여 이불 속으로 들어간다.

주 : 시인부락(2011.12.13), 제3집 37쪽

낙수(落水)

높음에서 낮음으로 가는 길
어긋나지 않는 내림은
몸뚱이와 머리카락을 내려
방울방울 솟아오르는 생존의 땀

언제 어디로 가느냐
가는 길이 굽은 길이라도
옷깃을 붙들고 한숨 쉬어
가는 데까지 가자

가는 길이 굽혀지면
쉬어다 낙수를 붙들고
목메어 불어도 어이
실패에서 풀리는 끈이어라

겨울 나무 맺힌 하얀 꽃은
낙수에 젖어도 아파하지 않는
가슴앓이 밤마다 잠재워 주는
낙수 소리에 오늘도 잠들고 싶다.

주 : 불교문학(2013.04.12), 제15호 188쪽

보고 싶은 사람

부르고 싶은 그 이름이여
보고 싶은 그 얼굴이여
만나고 싶은 그 사람이여

곱디고운 얼굴 총명한 눈빛
가느다란 실버들처럼
잊히지 않는 그 모습
보고 싶고 만나고 싶지만
이제 그들의 기억을
노오란 은행나뭇잎 떨어지는 듯이
하나 둘씩 잊어야 하는가

하얀 눈 내리던 그 날은
먼 나라 겨울 궁전 풍경처럼
싸늘한 가슴으로 내 삶의 일부이었는데
그래 그러는 것이 아니었어
뭐라 핑계해도 늘 아쉽고 슬프다

부르고 싶은 이름은 무엇이며
보고 싶은 얼굴은 다 무엇인가
그러니 정말 그러는 것이 아니었어
사랑의 의미도 모르는 마음
아무 뜻도 모르는 미움
이제야 내 기억 속에 잊어야하나.

주 : 월간 한국국보문학 동인집(2011.10.22)
제12호 내 마음의 숲 189쪽

밟지 마라

가뭄에
뙤약볕 내리쬐는 땅바닥
꿈틀거리고 있는 지렁이
밟지 마라 목숨은 살아 있다
목에 칼을 대도 살아 있을 것이다

장마에
소나기 맞으며 철벅 철벅한 땅바닥
몸을 쭉쭉 뻗으며 아우성치는 지렁이
밟지 마라 가슴에 품고 있다
밥 한 톨이라도 주어 보았느냐

밟지 마라
차지 마라
업신여기지 마라
하루살이 아니다
호주머니 크기는 다르냐

밟지 마라
소중한 것 알겠느냐
늘 그 자리가 행복이 있다느냐
괴롬에 피는 꽃도 향기 있듯이
주고 주는 꽃도 아름다움 향기
휘날린다.

주 : 고려달빛(2012.11.11), 제65호 58쪽

월미도(月尾島)에서

푸른 바다 두르고
망망대해였던 월미도
이제는 반달의 꼬리가
육지로 쭉 걸쳐 놓아
숨 쉬는 역사의 발자취를
헤아려볼 수 있는 월미도

젊음의 피 꽃이 되어
피어나는 향기가
고즈넉한 거리를 휘날리는
역사의 세월을 새기는 숲길이
오색단장 되어 무지개 꽃을
피우는 월미도가 되었네

꽃단장한 아늑한 낭만의 거리
숲속 산새소리에
냉가슴이 따스한 마음으로
사로잡는 월미도의 가슴은
한반도 서쪽의 인천항을
안겨주는 정겨운 월미도였네.

주 : 청계문학(2013.07.01), 제3호 봄 · 여름호 275쪽

초원의 구름

뙤약볕 푸른 하늘
떠있는 구름아

저 푸른 초원을 보라

너는 말없이 어디로 가는지
정처 없이 가는 것 아니겠지
임을 찾아 겨드랑 신방 꾸며

달콤한 향기 뿜는 날이
언제쯤이나 살포시 내려앉아
뭉실뭉실 둥둥 실 내 사랑아.

매미의 일생

낙엽을 이불로
시간을 베개 삼아
해가 해를 거듭하여
우화(羽化)하는 날까지
캄캄한 세상에서
훝눈 곁눈도 없이
살아든 날들
하루 이틀 살 것을

이제야
녹음의 계절 맞아
이 나무 저 나무 넘나들며
님을 찾는 노래 소리에
아이들 발걸음 사뿐사뿐 놓아도
휘 날아 저 나무로 건너가 다시
님을 찾는 노래가 고을을 덮는
한 많은 매미의 일생.

해수욕장 광안리

수려한 금련산
넘실거리는 푸른 바다
천혜의 해수욕장 광안리
은빛발자국 빛나는 모래사장

바다를 가로지른 광안대교
힘찬 희망을 실고
수평선을 달린다

한 여름 바다는
사람 꽃이 그득하고
연인들의 낭만이
천국을 넘나든다

갈매기의 나래 짓
한가롭고 잔잔한 물결
하얀 모래톱 따라 누비면
내 마음의 종이배를
바다 위 띄워 보낸다.

주 : 청계문학(2011.10.31), 창간호 92쪽

한강의 난지도

유유히 흐르는 한강 물결
은빛으로 일렁이는 빛살
난지도 둔치 강바람 따라
휘날리는 억새풀도 폼 나게
나풀나풀 춤추며 노래하는
난지도 숨소리 휘날린다

계절 따라 피는 꽃도
저만큼 아름다워라
형형색색 아름다워라

꽃피우는 들풀 한 닢 두 닢
꽃으로 한 폭의 그림으로
수놓은 난지도 발자국마다
새 역사를 이야기하고 싶은
한강의 난지도 꽃을 피우리라.

주 : 청계문학(2011.10.31), 창간호 89쪽

친구

여보게
친구 인연이란 게 쉬이
버릴 수 없는 것 아니겠느냐
사는 동안 많은 사람들 사귀고
지금 여기까지 왔지 않느냐

피붙이 같은 친구 인연
그냥 버릴 수 없지 않느냐
그립던 얼굴들 보면서 아니
들여다보고 싸대기 만지면서
걸걸 웃어보자

흘러간 지난 시간들 차곡차곡 모아
쓰디쓴 소주잔에 담아 노래 부르며
우리 투박한 사투리에 정감이 넘쳐
왁자지껄 큰 목소리로 한판 벌여
고만고만한 친구들이 얼마나 변했는가.

칠월칠석

까마귀 까치
사랑의 오작교
견우와 직녀 만나는 날
손잡고 속삭이는 사랑
짧은 시간 서러워
목 놓아 노래 부르니

갑자기 내린 빗물
사랑의 눈물 뿌려
은하의 다리 피붙이
흔적 새겨 놓은 꽃말
꽃씨 하나 남겨 놓고
꽃나비 홀로 나른다

어느새 흔적도 없이
무지개 터널 뿌린 빗물
사랑 씨앗 새록새록

오작교 피는 사랑
은하의 외줄 타는
견우직녀 사랑 꽃.

주 : 시인부락(2012.11.13), 제4집 135쪽

고향은 어머니 강
고향은 어머니 강물이다

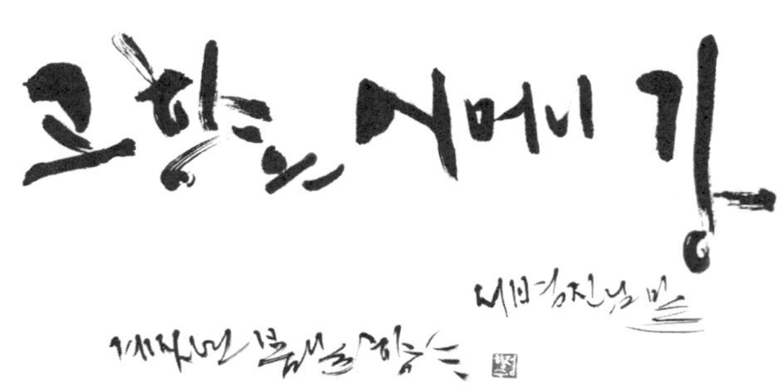

제3부

고향 사모

내 고향 고성(固城)은
지금 쯤 두견화 피었겠지

이 산 저 산 참꽃 따다
검푸른 입술 화전놀이
눈앞이 아롱거린다

겨우내 흙 이불 삼아
뒤척뒤척 잠자며 사랑해
지금 쯤 개굴개굴 소리 내어
폭 짝 폭 짝 뛰놀고 있겠지

이 산 저 산 나뭇가지
소쩍소쩍 슬피 우는
소쩍새도 메아리 되어
그리움을 울리는 구나.

주 : 월간 한국국보문학(2013.05.25), 통권 58호 6월호 102쪽

시가 있는 숲길

너른지 밤하늘은 별들의 천국
새록새록 별 하나가 숲길로 내려와
소쩍새 목소리로 노래 부른다
옆집 강아지는 멍 멍 멍
꼬리달린 별 하나가 마을에 왔나 보다
너른지 마을은 별들의 천국
별들이 내려와 불꽃놀이를 한다

너른지 밤하늘은 별들의 잔치
작은 옹달샘 하나가 졸졸
쉼 없이 소리 내어 행복 퍼내곤
실개울 조약돌 틈에서 시를 읊조리는데
풀잎마다 이슬 빛 찬미
이파리 없는 나무들도 숨을 쉬는 밤
별들이 내려와 소꿉놀이를 한다.

주 : 너른지는 판곡리(板谷里) 옛 이름
한국현대시(2012.12.30), 8호 213쪽
문학공간(2013.01.02), 통권 제15권 278호 110쪽

너른지

오세요
어서 오세요

산골짜기마다 맑은 물 흐르는
골물에 발 담그고 노래 부르며
풍광을 즐길 수 있는 동네

자그마한 한 집이지만
쉬었다 가기엔 편안하고
자고 가면 문설주 오로라에
꿈이 가득한 너른지의 삶

텃밭에 심어 놓은
싱싱한 상추나 풋고추 따서
쌈장에 배부름이 가득한 정

오세요
또 오세요

고구마, 감자, 오이, 호박
줄줄이 주렁주렁 열리고
푸성귀 푸성귀도 춤추는 동네

가을이면 벼가 누렇게 익어
섬으로 거두어 곳간마다 한가득
차곡차곡 쌓아 둔 동네
너른지, 판곡리(板谷里)

오세요
어서 오세요
또 오세요
그냥 오세요 언제든지.

주 : 너른지는 판곡리(板谷里) 옛말
고려달빛(2012.11.11), 제65호 58쪽

고향 봄 소리

동산에 오르니
고향 봄 소리
귓전에 맨 돈다

나뭇가지마다
연녹색을 두르고
수액 퍼 올리는 고향소리

산수유는 터질 듯 말 듯한
노오란 꽃망울 어머니 가슴
모여드는 고향 꿀벌들

꽃망울 부푼 매화는
겨우내 하얀 서리 옷에
주눅이 들어 주춤거리네

농부는 논, 밭 거름 뿌리고
쟁기로 땅을 갈아엎고
개구리는 고랑 따라 뛰논 소리.

주 : 한국문학신문(2013.05.15.수), 제115호 4면

만림산(萬林山)

대독천(大篤川) 두르고
판곡리(板谷里) 자락 뻗는 산
철롯둑바다 눈에 두고
너도 나도 가는 산 만림산
예전에 헐벗은 산 상록수로
나뭇가지마다 수액 펴 올려
만념산(萬念山)이 만림산으로
새롭게 태어난 산이 아니던가

오솔길 산새소리
피아노 건반 산울림
깊숙한 가슴 찧는
새 마음 새 장 메시지
파하란 꿈을 심어 주는
산소 같은 산

산등선 부는 바람
앙가슴 스치는 전율
산새와 노래 부르는
고즈넉한 산길에
하얀 마음 뿌리는 산이네.

판곡리(板谷里)

노리목 송낙골 고즈넉한
아래땀 동네로 쭉 뻗어진
신작로 양쪽 너른 들녘
기름진 황금으로 물드는
문전옥답 곳간마다 한가득
채워주는 보물 들녘이어라

윗땀 큰 동네 배움의 전당
초등학교의 종소리는
허공으로 날려버렸고
운동장에는 잡초만 무성하다

두루봉 두르는 갈망개 동네
마르지 않는 우물에 목을 적시고
넉넉한 조개 잡던 갯벌마당
정겨운 아름다운 동네라

장곡산 한려수도 가슴에 안고
계곡의 산새소리 물소리 담아

푸른 바다로 향하여
푸른 꿈을 심는 마리개 동네

너른지, 판곡리(板谷里) 마을이어라.

주 : 너른지는 판곡리(板谷里) 동네의 옛말
월간 한국국보문학 동인집(2011.10.22),
제12호 내 마음의 숲 187쪽
한국시인연대, 한강의 시안(2012.05.10), 제21집 168쪽

대독천

고성(固城)의 빛
대독천(大篤川) 물결에
하얀 몽돌 까만 몽돌
터를 일구어 보듬고
해를 맞아 새로워
하늘 높이 반짝거린다

여울물 빙빙 돌아 돌아서
정겹게 흐르는 하얀 마음
한가로운 삶 투명한 유릿빛
서걱이는 갈대숲 잠재우는
은하의 별들이 쏟아지는 밤
너울너울 춤추는 물새들

논둑길 방죽길섶
이슬 맺힌 풀잎 곱게 단장한
여미한 정을 종이배 실어
철롯둑 수문(水門) 밀치고

한려수도(閑麗水道) 다도해로
굽이굽이 휘돌아 어울려
오대양 넘실대는
고성의 빛 대독천.

주 : 고성문화(2012.12.27), 제14호 130쪽
PEN문학(2013.01.01), 2013년 1~2월호 통권 112호 56쪽
고성신문(2013.03.14.목), 제683호 13면
한국문학신문(2013.07.17.수), 제123호 4면

문수암에서

남해 수평선
한 폭 수놓은 듯
하얀 구름 두른 하늘
떠 있는 성전 전당에는
중생을 달래는 목탁소리
두 손 모아 비는 중생들

어렴풋이 아롱거리는
사량도(蛇梁島) 옥녀봉
굽이굽이 흐르는 사연 실어
문수보살 지혜로 일깨워
마르지 않은 샘의 생수
설법으로 마신다

푸른 산 푸른 바다
운산 운해 깔린
크다 큰 하늘과 바다
한 눈 앙가슴으로
소복소복 풍광 담은
문수암 그리워라.

주 : 고성문학(2012.10.02), 제28호 53쪽

장기바위에서

고성(固城)의 장기바위
철따라 색동옷 입고
산바람 가슴 안고 반기는
곰 바위 범 바위 기암들
여기저기 즐비고 있네

가슴을 펴고 해를 마셔
신선들이 기암바위 앉아
세월 가는 줄도 모르고
시를 짓고 읊으며
장기 놀이하였던 바위

한쪽 눈을 감고
바위 뺑뺑 돌아본다
몸 속 앓던 병은 어디로
옴쏙옴쏙 자라는 부추
상큼한 향에 취해본다.

주 : 월간 한국국보문학(2013.05.25), 통권 58호 6월호 103쪽

갈모봉 삼림욕장

천혜의 굽혀진 아늑한 계학
삼림욕장 따라 즐비는 나무들
방긋방긋 웃으며 뿜는 향기
꺼친 피부 내통을 한다

쭉쭉 하늘 높이 세월 보낸
삼나무 편백나무 곧은 진액
계곡바람 산마루 너머 휘날리는
새로운 삶을 가득마시며
새록새록 새로워지는 욕심쟁이

나뭇가지 그네 타는 다람쥐
틈 하늘 나부끼는 바람 하늘
지저거리는 산새 노래 소리에
오장육부 건반을 친다

나무사이 푸성귀도 사랑을 씹는
입맛도 한층 더하는 발걸음
숨을 고르는 하늘과 땅 사이
존재하는 모습 어디 있겠느냐.

주 : 동방문학(2013.03.30), 통권 제67호 41쪽

혼돈산 장기바위

혼돈산 고즈넉한 계곡 따라
휘도는 산바람 가슴으로 마시며
능선 너머 솔바람에
콧노래 장단 맞추니
어느새 곰과 범의 기상 감도는
곰바위 범바위 기암 앞 다다른다

가슴을 펴고 해를 마시게 하는 산
신선들이 기기묘묘한 기암 정수리에
세월 가는 줄도 모르고
노래 부르며 시를 짓고 읊으며
장기도 두고 즐겼다던
장기바위 반긴다

바위 위에서 애꾸눈을 하고
세 바퀴 돌면 무병장수한다는
전설에 귀를 열어 빵빵빵

휘모리장단 맞춰 소원 비는
장기바위 그 서기(瑞氣)에
푸르디푸른 한해살이풀들
부추 정구지 소풀의 어감만큼이나
친숙하고 상큼한 향내 내니
혼돈산을 소풀산이라고도 부른다.

구절산 오르며

푸른 바다 수평선 수놓은
잔잔한 동해바다 가슴안고
굽이굽이 산바람 마시며
도탑게 정상 오르며
한 눈에 들어오는 동해면(東海面)
넉넉한 마음으로 한가롭게
옹기종기 모여 사는 동네

구절도사 다니든 발자취는
나뭇잎 휘날리는 듯 휘날려
산삼뿌리 캐어도 밥술 될
세미뿌리도 가져갔는지

구절폭포에서
아홉 번 목욕하고
아홉 번 절하고
아홉 번 불러도 메아리 없는
구절도사이네

능선 따라 이어지는 철마산성
신호를 주고받든 곡산봉수대
성인의 혼을 모신 호암사
넋을 모아 둔 내산리고분군
힘 겨루는 흔들바위
구절폭포 솟다지는 물소리와 산새소리
어울러져 정적이 흐르는 동해면 구절산.

주 : 환경문학(2013.05.03), 통권 제1호(창간호) 171쪽

고향은 어머니 강물

양달산 진달래꽃 피면
뒷동산 올라 한 아름
꺾어 꺾어서 어머니와
콧노래 불렀던 풍요로운
들판 익어가는 내 고향

실개천 흐르는 물에
어머니 씻은 빨래 물이
끝없이 흘러 강물이 되어
고향은 어머니 강물이
흐르는 어머니 강이다.

주 : 효사상시화전(2012.05.01~12.31), 충무로역 내

고성인의 등대여!
-재경고성향우회보 창간을 축하하며-

에워싼 산이 산을 품고
실개천 노래하는 고성(固城)
가재 잡고 버들피리 불던
흙냄새 물씬 안기어 정겨웠던 곳
남겨 두고 온 이름 세 글자
미래의 푸르른 꿈을 품고
한양천리 뿌리내린 고성인(固城人)이여!

온갖 풍파 뒤집어 씌었어도
시련 떨치며 푸른 꿈 떠올려
위풍도 당당히 뜻을 펼친 향우(鄕友)들
굽이굽이 피운 삶의 진솔한 향기
이제, 눈부신 오로라 한 곳으로 모은
창간의 뜻 가득 자랑스러운 우리 소식지
행복이 춤추는 열망의 꽃을 피운다

잠시잠깐 번거로운 일상 밀쳐놓고
서울천지 뿌리내린 살가운 향우는
초가지붕 달빛 속에 하얀 박꽃 추억
얼룩송아지 매미소리 아련히 상기하며
빛바랜 부모형제 사진 펼쳐들고
눈물로 밥을 삼던 향수에 젖어
꿈길마다 찾아가는 내 고향 고성

여명의 재경고성향우회 회보여!
찬란하게 영광으로 길이 빛나라.

주 : 한국문학신문(2013.07.17 수), 제 123호 4면

고성(固城)찬가

옛 고자미동국 소가야 자리
거류산 송뢰소리 산새소리가
하늘 높이 휘날리어 들판으로
세계로 뻗어가는 등불의 고장
아~ 살고 싶어라 아름다운 고성
아 ~ 아름다운 고성 영원히 빛나리라

자욱 자국 상족암 공룡의 터
학동마을 옛 담장 문화재 자랑
대독천 빨래터 어머니의 손길
새시대 인재들이 넘치는 고장
아~ 살고 싶어라 아름다운 고성
아 ~ 아름다운 고성 영원히 빛나리라.

시가 숨 쉬는 숲길

밤하늘 별들이
샘실 마을 내려 와
반짝이는 빛 길동무되어
즐비는 시향 가슴에 담아
심신을 달래는 고즈넉한 숲길
산새들이 노래 부르는 시의 동산

시인의 고백 옥석마다
생명수 같은 시를 새겨
이슬처럼 깨끗한 눈으로
세상을 바라보는 별들의 잔치
시인의 시향 숨 쉬는 소리
오로라에 취해 보는 시의 숲길이네

기대하는 마음 굳센 기운의 시
"이파리 없는 나무도 숨을 쉰다"
이파리 없는 나무도 언젠가

따스한 이불 같은 새싹이 나온다는
희망의 시 취해 별들은 새벽으로
길동무와 숲길을 걷는다
이파리 없는 나무에도 새들은 온다.

주 : 서울문단(2012.12.30), 창간호 258쪽
불교문학(2013.04.12), 제15호 187쪽

삶의 시심

아득한 기억 속에
“고향은 어머니 강” 책자 속에
풍성한 고향의 향내에 흠뻑 젖어봅니다
비오는 늦가을에 삶을 시심에 담아
일분일초도 놓치지 않고 빈틈없이
앞으로만 성실하게 걸어가는
삶의 본이 아니겠느냐

따스한 어머니의 정이
사람들 가슴마다 짙은
추억의 흔적을 끌어냅니다
빨래줄 빨랫물이 뚝뚝 떨어지는
어머니의 삶이 하얀 접시에
동동 떠는 그림을 그려봅니다

쉼 없는 서정의 행진으로
삶의 책무를 다하고자 잠든

영혼을 깨우는 아름다움 입니다
인간의 힘으로 어찌할 수 없는 것이
많지만 굳세게 오늘을 노래하는
깊은 감동이 아름답습니다.

주 : 한국작가(2012.03.01), 2012년 봄호 제9권 통권 31호 173쪽

자랑스런 경상남도

백두대간 곧게 이은 낙남정맥 정수리에
봉황 품은 가야산 지리산 철따라 빼어나고
수많은 도서 여울마다 남해 풍광 드높이니
산자수명 웅비의 기상 곳곳에 서렸노라
솟구치는 기운 휘날리는 경상남도 깃발

가야 제국(諸國) 얼에 뿌리내린 경남의 혼은
기나긴 세월 호국의 뜻을 지킨 팔만대장경
유네스코 세계문화유산과 함께 온 땅에 빛나니
날로 방방곡곡 융창하지 않으랴
어디서든 그 기운찬 이름을 잊으랴

깊은 밤하늘 은하를 밝히는 인걸의 별들
하늘의 지성으로 온 누리에 떠받들고
정의와 자유 평화 공동체 삶의 터전을 꾸려
힘과 마음을 모아 일구어 가꾸며 사는 곳
동네마다 넉넉한 가슴으로 품는 보람찬 고장

세세연년 기름진 땅 청정한 풍년 바다
황금으로 익어 손닿는 곳마다 그득한 곳간
하얀 마음에 도타운 정이 넘치는 고장
아, 살고지고 살고지고 천년만년 살고지고
자랑스런 경상남도여, 영원토록 창대하리.

주 : 재경경상남도민회 정기총회 및 신년하례회(2012.02.24), 축시낭송
고성신문(2012.03.02.금), 제632호 12면
경남사람(2012.03.), 제30호 92쪽

오! 경상남도

대한의 남해 넘실대는 푸른 바다
태백 정기 곧게 줄기차게 뻗어
태고로부터 천혜의 아름다운 고장
가야산, 지리산 수많은 산들의 자태
올곧은 기상에 휘날리는 경상남도

가야국 얼이 뿌리 내린 혼은
긴 세월 호국을 지킨 팔만대장경
세계문화유산 경남(慶南)의 혼이
날로 세계방방곡곡 찬란하게 휘날리니
어찌 잊어 수 있겠느냐

은하에서 내린 인걸의 별들
두령의 명성이 온 누리에 펼치니
어찌 날로 융창하지 않으랴
인걸의 기상을 이어지는 곳
인걸의 고장이어라

풍성한 황금들판 청정한 풍년바다
황금으로 익으니 곳간이 그득하여
이웃끼리 도타운 정 늘어선 고장
오! 살고지고 천년만년 살고지고
경상남도여 영원하리.

고중사나이
-『고성중학교동문지』창간을 축하하며-

꽃이 핀다
봄 여름 가을 겨울
사계절 꿈을 안고
푸르름이 피어난다

대독천(大篤川) 물결에
갈고 닦은 하얀 몽돌처럼
빛나는 오로라 가슴에 품고
온 누리를 달려온 고중 사나이들

뜨겁게 뛰는 맥박
멈추지 않는 열정과 기백
사랑, 존경, 우정 한데 모아 모아서
섬으로 담아 곳간 가득 채운
창간의 기쁨이여!

영원한 고중(固中)의 깃발아래
새 힘이 샘솟는 고중 사나이
구실잣밤나무 꽃 향을
지구촌 방방곡곡 뿌리리라.

주 : 한국문학신문 (2013.08.14.수), 제126호 4면

소나기 마을

뙤약볕 내리쬐는
무더운 날에
무슨 미련 남아서
뿌려주는지

푸른 능선 휘돌아
쏟아지는 빗줄기
어느새 자취 감춘
소나기 빗물

계곡 씻는 물소리
문향 가득 구성진 음률
황순원 문학의 정신
솔솔 부는 문인의 꿈을
일깨우는 마을

소나기 타고 내린
일곱 색깔 무지개

찬란한 아름다움은
소나기 빗물 소리에
시심을 일깨우며

터를 닦아 보듬고
해를 맞아 새로우니
사람마다 하얀 종이에
소나기 같은 정열 실어
시어 심는 문학의 마을
계절 따라 문향 뿜는
소나기 마을로 숨 쉰다.

주 : 신서정문학(2012.12.31), 제2호 55쪽

소나기마을 문향

내리쬐는
뙤약볕 정열로
혼신에 땀 적시며
원고지 빈칸에다
생의 불꽃 태우니
푸른 하늘 깊은 골에
소나기로 묻었던가

계곡 찢는 물소리에
문향은 물안개로
가슴을 적시고
소나기마을 푸른 허공
일곱 빛깔 무지개로
걸음걸음 발자국마다
고운 시심 담아본다.

주 : 한국시인연대, 한강의 시혼(2013.02.25), 제22집 201쪽

모악산(母岳山)

어머니의 산 모악
낮은 듯 높고
험한 듯 고운 산
그 뜻이 그 마음이 그러리라

능선을 돌아서면
너른 바위 쉼터 옆에서
한바탕 물 사설로
나그네의 더운 숨길을 아우르며
진달래꽃 열두 치마폭으로
고단한 눈길을 보듬는다

어머니의 더운 정은
푸른 물 되어 구이로 모여들고
듬직한 나무 숲 사이로
솟아오른 정화수 긴 염원은
하얀 물안개 되어
하늘로 피어오른다.

주 : 구이는 모악산 아래 있는 저수지 이름
서울교육삼락(2011.12.30), 제41호 47쪽

모악산(母岳山)에서

모악산은 산이 아니라
위대한 어머니이다

높지만 높지도 않고
험하지만 험하지도 않은
자식을 품에 안고 있는
거룩한 어머니의 산이다

등선의 바람 계곡 따라 불어
흐드러지게 핀 진달래꽃 휘날려
젊음이 피어나는 곳이 아니던가

모악의 푸른 물을 모아
생명수가 되는 구이저수지의
하얀 물안개는 살포시
고을을 휘날린다

계곡의 물소리와 산새소리는
어머니처럼 언제나 아름답게
이 땅을 지킬 산이로다.

주 : 구이 모악산 아래 있는 저수지
불교문학(2011.12.10), 제12호 222쪽
시인부락(2011.12.13), 제3집 40쪽

양성산 오르며

양성산 계곡 따라
오르면 스쳐주는 바람
온몸을 휘어감아
산 향을 마셔준다

국태정(國泰亭) 산정은
대청호를 치마삼아
솟아오르는 기상을
싸잡아 주는 해를
휘어잡는다

가뿐하게 산허리를
도모하는 끈질긴 산
오르며 발걸음은
바위틈에 숨겨둔
승병(僧兵)의 땀방울
하얀 물안개로
피어오른다.

주 : 불교문학(2012.05.31), 제13호 173쪽

아차산 오르며

아차
아차산
산바람에 넘실넘실 너울거리는
한강의 물결 한 폭의 수를 놓는다

우락부락하지도 않은 산
고즈넉한 산길을 오르며
철따라 빼어난 그윽한 향기를
음미하며 사색에 젖어든다

산 너머 부는 송뢰소리와
풀잎 꽃잎 맺힌 이슬방울
수비하던 고구려의 숨결인가
평강공주 온달장군 얽힌 사랑인가

해 저문 광나루 노을
은비늘 물결치는 나루터
오색찬란한 네온불빛 사이로
산 그림자 어스름을 안고
산에 오르는 연인의 산인가.

주 : 청계문학(2012.09.06), 제2호 39쪽

실레마을
-김유정 문학촌-

춘천 금병산 자락
옴폭한 실레마을
김유정문학 혼이 솔솔 솔
낭만이 살아 새록새록
문학촌 내음을 풍긴다

능선 따라 부는 송뢰바람
작가 귀전에 글소리 그리워
원고지에 빠짐없이 적었던
이야기들 지금도 들린다

작품의 등장인물 중
점순이, 들병이, 덕돌이는

생강나무 노오란 꽃이 필 때
병에 술 넣어 술파는 이야기

물레방앗간에 숨겨놓고
위장 결혼했다가 도망간 사연
문학이 살아있는 실레마을의
도란도란 이야기들…

주 : 동방문학(2013.03.30), 통권 제67호 40쪽

안양의 살구향

계절 따라 인심바람
살구향 방안 가득하고
맛은 혀를 즐겁게 하는
곱디고운 마음 바람
한사코 택배 바람 타고

안양의 순풍 바람 솔솔
신당의 거센 바람 파도처럼
외줄 타는 아슬아슬한
춤추며 노래하는 가산(嘉山) 바람
천만년 길 살구 향을 뿌리리라.

주 : 불교문학(2012.11.12), 제14호 185쪽

嘉山으로 가는 길
아름다운 산은 푸르다

嘉山으로 가는 길

서재극 짓님 말

이천십삼년 오월 향수

제4부

단풍잎

지난밤 서걱이던 단풍잎
아침 햇살 입고 드높아 높이
창가에 서성이는 이파리마다
화청소(花靑素) 손을 꼭 잡는다

초원의 삶 가슴에 품고
지난 세월 수다스런 나날
엽록소 삶에 붉게 익어
손바닥 사랑 받는 단풍잎

산 너머 부는 바람
세차게 매질하여도
세월 속에 피는 꽃
어찌할 수 있겠느냐

가지마다 수액 펌프
이제 숨을 고르고
이파리마다 찬란한 삶을
잠시 잠재워 꿈을 일깨운다.

주 : 동방문학(2012.11.30), 통권 제65호 107쪽

가을 상념

깊어가는 가을
햇살 머리에 이고
시간을 꼭 잡아
차디찬 삶 반갑지 않은 날이
머지도 안는 자연의 순리대로
옷을 갈아입어 천지를
하얀 마음으로 뒤척이며
귀뚜라미 삶 노래 부르며
하나 둘 자리를 떠나는 님

파하란 하늘 너무 예뻐서
발길 닿는 대로 마음 놓아
둘 팔다리 펴고 소리 내어
먼 님의 가슴 메아리 되어
따스한 가슴을 전하며
어디론지 훌훌 떠나
하나의 씨앗을 어디에
가벼운 마음 시(詩)를
하늘 땅 바다를 읊고 싶다.

주 : 고려달빛(2012.11.11), 제65호 58쪽

노오란 은행나뭇잎

인적 끊긴 한적한 공원
노오란 은행나뭇잎
우수수 떨어져
행인의 발자국 쓸어버린다

못다 한 사랑
책갈피에 접고
내뱉지 못하는 숨소리야
어떻게 하라

푸른 이야기 나눌 때가
어제 같은데
덧없는 세월이 노랗게 흘러구나

쌓인 갈잎 마냥
못다 한 시간
노오란 눈물로 흘러

세월에 날리는 가랑잎 되어
둥글둥글 세상 굴리며
고프지 않은 사랑
다시 찾아오길 기다린다.

주 : 문학마실(2012.02.01), 2월호 제21호

가을 단상

코스모스 꽃길
가을을 부르고
향을 마셔주는
낮은 듯 높은 듯
잔물결을 피운다

산과 들은 오색으로
물들어 수줍어 숨겨둔
하얀 마음 시간 속에
마지막 용기를 다해
온 세상을 부른다

하루가 더 필요한
억새 깃털 바람물결 따라
노래 부르며 여행하는
가을들녘의 황금으로
알곡을 채워 주는 가을.

주 : 문예춘추(2011.09.29), 제8권 통권 24호 81쪽
청계문학(2011.10.31), 창간호 91쪽

공덕역에서 임진강역으로

꽃바람 부는 공덕
꽃물이 내린다
나뭇가지마다 꽃망울 터져
속살 배시시 내미는 빗살
하늘하늘 거리는 날

하늬바람 이는 임진강
푸른 강물도 깃 접고
기러기는 날개를 잇대며
겨우내 차디찬 눈꽃 사랑해
태시(胎屎)를 본다

잃어버린 고향
망배단 가슴에 안고
사연을 노란손수건에 모아
아득히 보이는 산 너머로
띄워 보낸다.

주 : 환경문학(2013.05.03), 통권 제1호(창간호) 173쪽

참새와 허수아비

익어가는 가을 들녘
논배미마다 황금물결
고추잠자리 짝지어 나르고
참새들 날아와 무리를 짓는다

참새 쫓는 허수아비는
허세 부려보지만 참새들은
허수아비를 허수아비로
가을날 오찬을 한판 벌린다

쭉정이 되어버린 벼 이삭은
센바람 만나도 쓰러지지 않고
소용없는 허수아비 존재가치를
아파하는 농부의 가슴을 찌른다

허수아비처럼 허허로운
애간장 태우는 농부의 마음
곳간에 차곡차곡 채워 보는
참새와 허수아비 이야기들…

주 : 2011 민속식물박람회시화전(2011.10.7~10)
한국민속식물생산자협회,
안산 호수공원 2011 민속식물박람회 전국자연사랑시화전 기념시집
(2011.12.19), 66쪽

퀴즈 시

개울가에서
묻고 싶다
알고 싶다.

개울물은 비비며
명경같이 투명하게
○○○ 흐르고
나뭇잎 하나는
이리저리 시달려
떠나는 ○의 발자국 ○○
흘러가는 세월에
아픈 마음으로 조잘댄다.

주 : 시인부락(2011.12.13), 제3집 41쪽

보슬비 내리는 날

이른 아침부터
내리는 보슬비
훌쩍 떠나고 싶은 마음
서정리 홈쇼핑장 가고
싶어진다

곱다란 몸매
그 사람
차창에 그리며
동화책 나오는
이야기들 새기며
어느새 그 곳에 닿으면
침묵이 흐른다.

허수아비 인생

참새 잔치하는 날
속속 무리지어 모여 든다
익어가는 논배미
노랑 벼이삭 밥상 차례
한판의 아수라장 만든다

허수아비 묵비권으로
머리 앉은 참새들
깃털 휘어감아 애정을
허수아비 뼈대에
속아 재잘 걸인다

쪼이지 않는 벼이삭은
강풍을 못 이겨 쓰려져
하얀 검정되어 빈 털털이
소용없는 존재 가치에 빠져
허허로운 허수아비 인생.

청계천

긴 터널 어둠 속에서
새로 태어난 청계천

모진 세월
바람이 불어도
캄캄한 어둠의 세월
흐르는 물길 따라
땅이 여리는 날

환희의 함성이
하늘 높이 펴져
어둠의 물길이
밝은 물길이 되었으니
함께 누리소서.

주 : 시인부락(2011.12.13), 제3집 39쪽

여명의 이슬 머금다

찾고 싶은 마음
보고 싶은 마음
오늘도 김포로 간다

송정역에서 버스를 타고
빨간 우체국 우체통에
곱디고운 마음을 담아
꼭꼭 다져서 담 너머로
아울렛 이층으로 보낸다

건너편 좁다란 길목에서
눈이 겹도록 하염없이
부는 바람소리 시간에
퇴사한 줄도 모르고
쭈그리고 앉아 기다린다

하얀 마음은 어디로
좁다란 몸집은 어디에
해를 해로 거듭하면

세월은 세월 속에서
사는 진리가 아니던가

이제는 좀 되었기에
선임 폼 보아야
떨어지는 낙엽의 일생
노오란 잔디
하얀 눈을 밟을 때
그 때의 폼 아니겠지

지난 날 상처 흔적을
새 봄 맞아 파릇파릇한
새싹이 움트는 날을
노을빛으로 기울어 가는
서산의 해 산 너머로
여명의 이슬을 머금다.

주 : 청계문학(2012.09.06), 제2호 37쪽

보고픈 그 사람

요동치는 마음
그 사람보고 싶어
나뭇가지 매달려 놓고
흔들흔들 발자국 찧는다

자동차 그림자 빈자리에
싸늘한 흔적이 감돌아
와짝 법석거리든 소리도 고요해
잔잔한 물결처럼 이고 있다

건물 벽 하얀 종이에
이렇다 저렇다 임대란 글자로
또 어디로 갔는지 알 수 없어
허줄한 마음 쪼임을 주었다

수도권 떠돌이 장터
새 장터 또 새 장터로
지갑 채우는 그 사람
인의 장벽 천기 누설하는지.

주 : 문학마실(2013.02.01), 2월 33호 12쪽

참외와 수박

노란 몸 파란 몸
하얀 속살 가진 너
빨강 속살 가진 나
이파리 더운물 데치는
채소 나물이라네

껍질이 무른 바나나
보리수나 앵두는 작지만
사과처럼 과일이라네

더위 때 효자 상품 찾는
참외와 수박은
하얀 마음으로 둥글둥글한
세상이 되었으면 참으로
아름다운 세상이다.

주 : 시인부락(2011.12.13), 제3집 38쪽

서병진 삼행시

서 : 서서 보나 앉아서 보나 몸짱 얼짱
병 : 병풍처럼 귀이 아끼고 싶은 사람
진 : 진품명품 출품할 사람 중요무형문화재 서병진.

서 : 서서히 걸어온 인생길을 뒤돌라보면
병 : 병풍처럼 접고 접은 산명수자이었든가
진 : 진짜로 교육자로 시인의 향기 나는 사람 서병진.

서 : 서글서글한 성품에 듬직한 몸매에 너그럽고
상냥한 성격
병 : 병풍의 그림아닌 시로 꼭꼭 수놓아 아름답게
펼치는 휘필에
진 : 진정 이제야 사물을 알아 자랑스런 시인이 되었네.

서 : 서산에 해와 달이 세상을 밝히는 동반자로
병 : 병 없는 나날 즐겁게 사는 사람으로
진 : 진짜로 아름다운 산과 같은 사람 서병진.

손수조 삼행시

손 : 손잡고 함께 가겠습니다
수 : 수고를 아끼지 않겠습니다
조 : 조그마한 일에도 정성을 다하겠습니다.

손 : 손뼉 치며 기뻐하실 것입니다
수 : 수없이 많은 일이 이루어질 것입니다
조 : 조국에 큰 기쁨이 될 것입니다.

손 : 손이 되어 드리겠습니다
수 : 수발의 달인이 되겠습니다
조 : 조금도 염려 없도록 일하겠습니다.

손 : 손을 올려주십시오
수 : 수조의 손을 올려 주십시오
조 : 조국을 위해 일하도록 세워주십시오.

손 : 손을 들어 뜻 깊은 일을 하십시오
수 : 수조 1번에 투표를 하십시오
조 : 조금도 후회 없도록 열심히 하겠습니다.

손 : 손과 손을 잡고 투표장으로
수 : 수조 1번에 투표하여 뽑아주니
조 : 조국의 횃불 되어 그 이름 손수조.

손 : 손수레 끌며 앞장서 온 그대
수 : 수많은 주민의 횃불이 되는 그대
조 : 조국이여, 부산이여, 그대를 부른다.

주 : 제19대국회의원입후보 손수조선거사무소에서(2012.03.31,현 27세)
저자의 제자(주례여자고등학교 2001.03.01~2003.08.31,학생회장)

역사의 한강

큰 강의 한강
우리의 한강
찬란한 역사를 담은 강

서울의 복판 유유히 흐르는
물줄기 따라 펼쳐지는 하얀 마음
두둥실 가져다주는 생명의 젖줄이며
더러운 것 버리고 아름다움 주는 강

느릿느릿 여유로운 물결은
어제와 오늘의 이야기를
역사에 담고 오늘과 내일의
배움을 가져다주는 강

둔치 따라 피는 꽃
밝은 세상 맑은 마음으로
삶을 아름답게 기름 쳐주는
불나비처럼 평화스럽다.

주 : 청계문학(2013.07.01), 제3호 봄 · 여름호 274쪽

한밤의 사진편지 연가

날이면 날마다
속절없이 컴퓨터에
담아 놓은 그대의
맛깔 나는 글과 사진
한밤의 사진편지 늘 푸르게

산길 들길 따라
자연을 만끽하며
아침 이슬처럼
즐거움을 안겨주는
한밤의 사진편지 늘 푸르게

천상에서
아름다운 인연은
꽃향기보다 진한
더 진한 우정을 주는
한밤의 사진편지 늘 푸르게

넉넉한 마음으로
아늑한 공간으로
사람 냄새를 풍기며
아름다운 삶을 누리는
한밤의 사진편지 늘 푸르게.

보행자의 날에

가을 하늘 높아
넓은 대지를 촉촉이
적시는 서울 청계광장
푸른 잔디 어느새
노오란 옷을 갈아입고
가을 향기를 품는다

빼빼로데이
2011년 11월 11일 11시
각국 각처에서 걷기 꾼이
배낭을 메고 오색찬란한
복장에 멋을 하늘 높이로
가을 하늘 수놓는 듯이
종종 모였다

청계천 맑은 물 따라 물처럼
속삭이면 한발 한발자국 놓으면
맑은 마음 전류를 일으킨다
내 삶을 흐르는 물 위에 띄우며

사람 냄새나는 너 나 없는 이 마음
한결 같으니 어깨동무 친구이더라

우리 걷기 동아리
한밤의 사진편지 주말걷기
만남, 건강, 배움의 슬로건으로
사람 냄새 나는 향기로운 친구들
삶의 활력소 되는 동아리
누구나 기다려지는 으뜸가는
한사모 주말걷기 동아리

진한 녹색 베레모 쓰고
오랜지 색깔 잠바 오십 여명이
한사모 마크 가슴에 달고
어깨 맨 배낭 한사모 주말걷기
징표는 한결같은 입을 모운다
주말걷기 동아리 친구들이여!

태종대 신선바위에서

푸른 바다에 앉은
태종대는 시원한
바닷바람 쭉 마시고
가슴으로 사랑을 속삭이는
깎아지른 기암절벽 아래
아름다움에 빠져버린
신선들 놀아든 곳이라

푸르른 수평선에
넘실거리는 하얀 물결
확 트이는 망망대해
넉넉한 가슴을 내밀면
이쪽저쪽 넘다들면서
풍광을 즐기던 신선들
사랑이야기 하던 곳이라.

주 : 월간 한국국보문학(2012.01.25), 2월호 통권 42호 80쪽

태종대 전망대에서

확 트인 망망대해 앞에 두고
바다를 향한 기암절벽 세워
넘실거리는 푸른 파도 실어
한 눈으로 삼기는 우주선처럼
우뚝 선 낭만의 전망대이여

오륙도 넘나드는 푸른 꿈을
오고가는 배들의 길목에
고즈넉한 낭만이 숨쉬는
연인들의 속삭이는 숲속
노래 부르는 낭만의 거리

고즈넉한 길섶 사이로
오고 가는 사람 냄새
품어 내는 흙 내음
마시고 내뿜는 입김
솔바람 건반을 친다.

주 : 동방문학(2013.05.30), 통권 제68호 169쪽

아! 남대문

오! 도도
대한민국 국보 제 1호 숭례문
긴 세월 동안 우리의 정신을
왜란호란 한국전쟁 걸쳐
모진 풍파 겪으면서
고고히 그 자태 잃지 않고
민족의 혼을 가슴에 안고 있었다

오! 통곡
어찌하다 하루아침에
이런 일이 찾아 왔나
까맣게 타버린 모습
누가 이렇게 했느냐
지구촌 사람들에 면목 없어
우리가 저지러 우리 정신 망가졌다

오! 민심
몸과 마음 바치는
따스한 우리 국민성

나날
너 나 없이 줄이어
푸른 소나무처럼
마음을 심는다.

주 : 종로문학(2011.12.31), 통권 제11호 242쪽

계룡산 동학사

산이 산으로
에워싸는 계룡산
철따라 색동옷 갈아입고
깊숙이 자리 잡은 천년고찰
동학사는 비구니 스님의 본산

동학의 불심은
계곡 나뭇잎 사이로
사뿐사뿐 나르는 나비처럼
춤추는 나뭇가지에 놀란 가슴을
토닥토닥 어루만져 두드려 주는구나

옴쏙옴쏙 자라는
해맑음 웃음 반기는 풀잎
하나 같이 푸르름을 가슴에 안고
한 걸음 한 걸음 법당 찾는 중생들
속내를 엎드려 또 엎드리고 엎드려
소원비는 천년고찰 동학사이로다.

감자

줄기로 태어나
씨눈이 이른 봄에
하나하나 분가하여
새살림 사랑의 결실이
줄기마다 주렁주렁 영글는
사랑이 따스한 가슴에 주저리
안고 노래하며 열린다

크고 작은
줄기의 사랑은
보슬보슬한 하얀 솜털처럼
가슴에 안아도 아프지 않는
세상을 바라보는 농부의 마음
호호 불어 먹는 감자처럼
세상살이가 되었으면 좋겠다.

주 : 불교문학(2013.04.12), 제15호 189쪽

시인의 향연

밤새 내린 이슬
여명의 자명종 잠을 깨워
방울방울 맺힌 풀잎들의 향연
따스한 햇살 맞는 환희의 미소

참새들도 잠잔 깃을 털며
떼거지로 데모 장으로 가는 듯이
원고지 모아 문학의 집으로
날을 세워 소리 높혀 발걸음 종종
시인(詩人)의 몫 찾으로 간다

시인들이여
찰랑찰랑 머리 단장하여
맨 앞줄 서 전투 지휘하며
한목소리 메아리 되어
책갈피 잠을 깨운다.

목욕탕에서

알몸에 빨랫감 손에 쥐고
사뿐히 자리 잡아 앉아
옆 사람 훔치면서
가파른 숨으로
이리저리 목욕 비누로
세차게 씻어댄다

비누는 아파하지 않고
하얀 거품을 내며서
주고 싶은 하얀 마음
녹아 버린 몸 아깝지도 않고
흔적도 없이 떠난다

더러운 것을 아름답게
어둔 곳을 밝고 환하게
비누처럼 아리다움
숭고한 삶을 하얀 거품에
동동 띄어 보련다.

주 : 동방문학(2013.05.30), 통권 제68호 170쪽

가을들녘 익어가는 날

가을들녘 익어가는 날
참새들은 황금으로 물든
논배미마다 속속 모여들어
기다린 듯이 무리지어 짹짹거리며
논두렁 넘나들면서 익어가는
가을들녘 타작을 한다

농부의 허수아비는 묵비권으로
머리 위 앉은 참새 깃털 휘어감아
어깨 앉은 참새 사랑이야기 품어
애정 나눔 모습을 미워하는 마음
한판 굿판으로 아수라장을 만든다
피땀 흘린 농부 가슴 아파한다

쪼인 벼이삭은 며칠 지나면 껍질이
색 까맣게 되어 알곡이 털털이 되어
쓸모없는 몸이 되어 강풍을 불어도

넘어질 것이 없어 쓰러지지 않는다
참새와 허수아비 농부의 아픈 가슴
멍든 마음 곳간에 차곡차곡 쌓인다.

주 : 한국시인연대, 한강의 시안(2012.05.10), 제21집 169쪽

마음의 돈

마음의 돈은
넉넉한 가슴의 돈
가득한 행복의 돈

많이 가진 사람
적게 가진 사람이나
죽으면 같으려니

행복을 많이 누린 사람
적게 누린 사람이나
죽으면 같으려니
앞 뒤 옆을 보라

이파리 없는 나무도 숨을 쉰다
이파리 없는 나무에도 새들은 온다.

월간 한국국보문학(2013.06.30), 통권 59호 7월호 53쪽

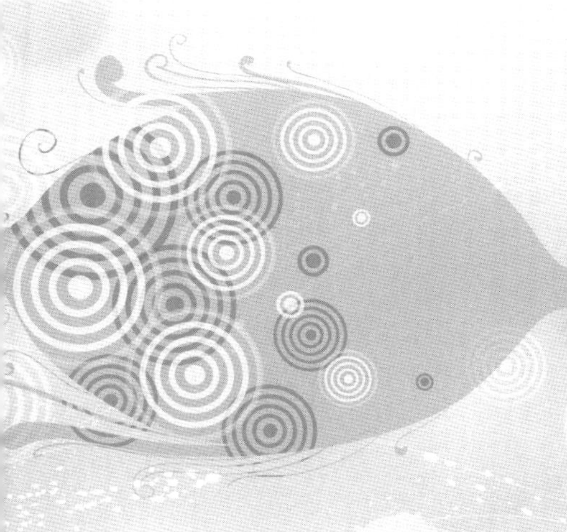

평설

〈평설〉

꽃과 자연, 생명력의 조화
서병진 시집 "세월 속에서 꽃은 핀다"

조 병 무

(문학박사, 시인, 문학평론가
동덕여자대학교 명예교수)

－1－

현대시가 영감의 심상을 넘어서 가상의 세계를 넘나들고 있는 현실에서 서병진 시인은 현존하는 대상과 공존하면서 그 대상의 내면에 함축되어 있는 새로운 조화를 교감하려 한다.

시집 제목이 암시하듯 "세월 속에서 꽃이 핀다"에서 보듯 살아가는 무한한 세월의 흐름과 꽃과의 대등한 위상은 평소에 지닌 시인의 일상적인 좌우명이면서 삶의 가치를 이러한 자연

속의 꽃과 공유한다는 의미를 알 수 있다. 시집에 수록된 작품에서 꽃을 소재로 한 작품이 많은 이유도 이러한 시인의 감성과 관련을 맺을 수 있다.

꽃은 자연 속의 가장 아름다운 미적 대상이다, 그러나 다만 미적 대상 이상의 생명의 화신이며 인간의 삶을 기리는 대등한 모습이 시인의 정신에 잠재해 있다. 인간이 살아가는 세월의 흐름 역시 삶의 지속을 위한 가장 존엄하고 위대한 생존의 방식이다. 이 양자 간의 조화 속에서 서병진 시인은 언어가 지니는 영감의 폭을 넓히고 있다.

그렇다면 서병진 시인의 시집에서 다음 몇 가지 작품의 특징을 살펴보고자 한다. 첫째 꽃과 자연과의 교감 속에 내포된 시인의 세계, 둘째 고향에 대한 시인의 감성, 셋째 시에 대한 영감 등에서 시인의 면모를 접근 할 수 있을 것이다.

- 2 -

시인이 바라보는 자연의 광활한 세계는 자연 자체가 시인의 내면세계와 일치하는 심상으로 접어든다. 말하자면 시인의 정신세계가 자연의 한 소재에서 청결하고 맑은 원형을 찾을 수 있다는데 있다. 다음과 같은 작품에서 시인의 일상을 찾을 수 있다.

이파리 없는 나무는
계절에 따른 움츠림에
껍질로 감싸 안은
그 나목 숨소리 나는 좋아

비바람 설한풍도 이겨내어
새로운 삶의 꿈을 간직하고
삶의 표상 새순을 틔우며
정열을 꽃피우는 나목의 기상

풍상을 이겨내며 솟구쳐온 기백이며
펼쳐내는 가지마다 풍성함 드러내고
포근한 가슴으로 세상을 안겨주는
이파리 없는 나무에도 새들은 온다.

–「이파리 없는 나무도 숨을 쉰다」 전문

이파리 없는 나무의 강한 생존력을 시인은 강한 정신적인 영감을 결합시키고 있다. 서병진 시인의 정신은 이러한 사고의 핵심 속에서 하나의 대상에 대한 생명의 강인함은 바로 자신으로 환원시킨다.

각 연의 후반 두 행을 보면 생명의 강한 의지와 함께 시인의 강인성을 본다.

〈껍질로 감싸 안은 / 그 나목 숨소리 나는 좋아〉〈삶의 표상 새순을 틔우고 / 정열을 꽃피우는 나목의 기상〉〈 포근한 가슴으로 세상을 안겨주는 / 이파리 없는 나무에도 새들은 온다.〉 자연의 순수함과 자연이 주는 생존의 법칙은 어느 인간의 삶의 절대적인 가치와 동일함을 강한 언어로 함축하고 있다.

서병진 시인의 자연에 대한 강인한 생명력과의 조화는 시인 자신이 자연속의 존재로서의 일상을 대하는 기본 정신과 맥을 같이 한다.

연못에서 자라는 연은
세파에 물들지 않는 연이라
아침이슬처럼 청량하고 순수함을
밝고 맑은 메시지를 전하는 연

연잎의 이슬은 방울방울마다
천가지만가지 보배를 담은
중생의 아름다운 꽃이로다

진흙탕에 피어나도
아름다운 꽃 피우고
명경 같은 맑은 마음
연처럼 되고 싶다.

–「연(蓮)처럼」 전문

연꽃의 순수함을 함축하고 있다. 이 작품에서 시인은 연꽃의 청량하고 순수함에서 사람이 살아가야할 방향을 열망한다. 연꽃이 지니는 역동적인 미적 감각을 친화력으로 그리고 있다. 〈진흙탕에 피어나도 / 아름다운 꽃 피우고 / 명경 같은 맑은 마음 / 연처럼 되고 싶다.〉라는 영감은 시인 서병진의 창작에 대한 갈망이며 일상의 정신적인 자세를 긍정적으로 읽을 수 있다.

시인이 많은 소재로 택한 꽃과 자연에서 나타나는 시적 감성은 동일한 서정성의 강한 메시지를 전달하면서 자연의 변화성과 새로운 자연의 양상에 시인 자신의 시적 방향을 나타내고 있다고 할 것이다.

–3 –

시인의 고향은 경남 고성이다. 시집 3부에서 "고향은 어머니 강"에 대한 작품으로 고향의 많은 곳을 작품으로 보여준다. 많은 시인들은 고향과 어머니를 작품으로 보여준바 있다. 서병진 시인 역시 고향에 대한 감성을 잊을 수 없다. 고향과 관련된 너른지, 판곡리, 대독천, 만림산, 문수암, 갈모봉, 혼돈산, 구절산,등에 대한 시인의 강한 집착은 멋진 한 편의 작품으로 보여준다.

양달산 진달래꽃 피면
뒷동산 올라 한 아름
꺾어 꺾어서 어머니와
콧노래 불렀던 풍요로운
들판 익어가는 내 고향

실개천 흐르는 물에
어머니 씻은 빨래 물이
끝없이 흘러 강물이 되어
고향은 어머니 강물이
흐르는 어머니 강이다.

－「고향은 어머니 강물」 전문

고향이란 사람이 살아감에 원천적인 바탕이고 절대적인 마음의 안식이다. 고향이란 사람에게 영원한 안식처요 숱한 추억이 함께하는 자신의 존재와 같다. 서병진 시인의 고향을 어머니 강물에 비유한 시인의 영감은 어머니와 고향을 강한 직감으로 동일시하고 있다. 시인이 어떠한 사물이나 소재에 정착하게 되면 모든 요인이 긍정적인 사물과의 접근을 하면서 그 인식의 바탕이 미적인 감정을 더욱 크게 돋보이게 하고 있다.

그것은 시인의 감성 자체가 사물과의 긴밀한 호흡의 일체를 공유하기 때문이며 숨김없는 자신의 모습 속에서 창작의 여건을 조성하고 있다는 증거이다. 다음과 같은 고향을 노래한 작품을 보자.

〈옛 고자미동국 소가야 자리 / 거류산 송뢰소리 산새소리가 / 하늘 높이 휘날리어 들판으로 / 세계로 뻗어가는 등불의 고장 / 아~ 살고 싶어라 아름다운 고성 / 아 ~ 아름다운 고성 영원히 빛나리라 // 자욱 자국 상족암 공룡의 터 / 학동마을 옛 담장 문화재 자랑 / 대독천 빨래터 어머니의 손길 / 새시대 인재들이 넘치는 고장 / 아~ 살고 싶어라 아름다운 고성 / 아 ~ 아름다운 고성 영원히 빛나리라 -「고성(固城)찬가」전문〉 고향에 대한 찬가이다. 역시 〈대독천 빨래터 어머니의 손길〉을 공유하는 시인의 강한 집착과 영감은 떠날 수가 없다.

시인에게 있어서 고향은 자신의 원류이며, 일상 속에서 드러나는 자신의 정신적인 한 폭의 틀 속에 얽힌 자화상이다. 나와의 동일한 서정과 정신이 스스로 시인의 심상 속에 잠식된 영원한 향수이며 추억의 대상이기 때문이다. 시인의 고향에 대한 집착의 이미지는 바로 시인 자신의 맥박이기도 하다.

-4 -

서병진 시인은 시가 내포한 이미지의 연결을 다각도로 작품화 한다.시에 접근하는 여러 유형의 작품을 시집에서 보면, 1

부에서 「시의 노래」「돌에 시를 쓰면」「시를 돌에 쓰면」「단비 같은 시」「아름다운 말꽃 시인」, 2부에서「은하에서 내린 시인」, 3부에서「시가 있는 숲길」「삶의 시심」「시가 숨 쉬는 숲길」, 4부에서「퀴즈 시」「손수조 삼행시」「서병진 삼행시」등에서 시인의 특유한 정신적 생동감을 보게 된다. 시에서 새로운 생명체가 나타나는 시인 특유의 영감을 볼 수 있다. 퍼소나 자체가 시의 영감이며 공조하는 소재와의 일체를 보여준다.

별이 숨어든 하늘 아래
이슬시가 내리면
메마른 땅 숨을 얻고
지쳐 누운 풀잎들 일어나리

산 위 올라
향기 나는 시를 뿌리면
바람시가 닿는 곳마다
꽃이 피어나리라

돌에 시를 쓰면
거친 세월 벗겨지고
너와 내가 마주할
나눔 시간이 찾아든다

돌에 시를 쓰면
돌이 숨을 쉰다.

돌에 시를 쓰면
하늘에서 별이 내린다.

-「돌에 시를 쓰면」 전문

역시 시작품의 이미지와 공유하는 절대적인 생명의 활력을 돌과 시를 일치시키고 있다. 〈이슬시가 내리면 / 메마른 땅 숨을 얻고〉〈 돌에 시를 쓰면 / 돌이 숨을 쉰다.〉에서 보듯 시인은 만물의 모든 우주 속의 생명체나 생명체가 아닌 모든 물상들에게 영험적인 생명의 강렬함이 깃들이고 있음을 서병진 시인의 절대적인 명제로 되어 있다. 만물이 생존하는 모든 요소에 숨을 쉬는 숲길들이 존재하고 그 숲길은 시라는 이미지와 함께 생명의 존엄성을 지니고 있음을 시인은 보여준다.

돌과 시, 시와 숲길, 은하와 시인, 시와 삶의 모든 요소가 시인의 심상 속에서 때로는 화려하며 때로는 빛나는 영감의 틀 속에서 시인 자신의 일상적 심상을 들추어 보여준다.

시인이 시와 접목하는 대상은 폭이 넓어 시라는 이미지의 접근은 그 자체가 시인 앞에 펼쳐지는 한 폭의 수채화이며 미적 감각을 들추어 보이는 절대적 가치의 색상이 되는 것이다.

시란 마음의 소리이며 그 마음이 생명의 윤활유의 역할을 한다고 할 때 서병진 시인은 이러한 감성을 모든 사물에서 비롯된다는 원리를 일깨워 주고 있으며 이 시인이야말로 〈생명과의 조화〉를 이루는 철저한 시인 정신을 지녔음을 인지할 수 있다.

이파리 없는 나무도 숨은 쉰다
이파리 없는 나무는
비바람 설한풍도 이겨내고
새로운 삶의 꿈을 간직하고
삶의 표상 새순을 틔우고
풍상을 이겨내어 솟구치는 기백이며
뻗쳐내는 가지마다 풍성함 드러내고
포근한 가슴으로 세상을 안겨주는
이파리 없는 나무에도 새들은 온다

서병진(徐炳辰) 시인

아호는 가산(嘉山), 1941년 경남 고성군 삼산면 판곡리 239번지 출생과 성장. 1975년 칠오동우 · 오수의 사모곡 · 청운의 마음 · 만족의 포효(咆哮)외 작품발표, 시와 수필 시 부문 등단, 한국문예학술저작권협회원, 국제펜클럽회원, 한국문인협회남북문학교류위원, 한국현대시인협회이사, 서울종로문인협회감사, 한국육필문예보존회이사, 한국시문학아카데미회원, 서울문학문인회지도위원, 재경고성문인협회창립, 삼산면사무소 문고설치, 한국육필문예연감편찬위원, 서울문학 · 청계문학 심사위원. 한국시대사전 논두렁 콩 외 7편(2011.03.31,p1417) 수록, 한국현대문학 100주년기념탑 대표작(논두렁 콩), 시비 · 서울시지하철 스크린도어 (이파리 없는 나무도 숨은 쉰다). 동아대학교교육대학원 졸업, 금성고등학교 교사, 송도중학교 부장교사, 교육부 교육전문직장학사 · 교육연구사공채시험합격, 교육부 · 부산시교육청 장학사 · 감사관, 영도여자고등학교 교감, 주례여자고등학교 교장 역임.
교육공로수상자보감(1988.03.05,P195) · 한국교육계인사요람 한국교육인물사(1995.11.30,P237) · 도약하는 한국인(2000.01.30,P276) · 국가상훈인물대전 현대사의 주역들(2001.01.10,P1716) 수록. 대학입학학력고사 출제문항분석연구, 대학수학능력시험준비 문제집평가연구, 대학수학능력시험 실험평가연구 논문 외 10편, 국민훈장(녹조근정훈장), 자랑스런동문상(경남항공고등학교) 외 25회 수상.
문학상은 세익스피어문학대상, 라이너마리아릴케문학상, 세계예술문화상 · 고려문학상 · 불교문학대상, 청계문학대상 수상. 시집은 이파리 없는 나무도 숨은 쉰다, 고향은 어머니 강, 嘉山으로 가는 길, 세월 속에서 꽃은 핀다 외 다수.
전자시집은 이파리 없는 나무도 숨은 쉰다, 고향은 어머니 강.

E-mail_ abajin@hanmail.net
손전화_ 010-3861-6622
표지 · 속지사진_ 저자 촬영

세월 속에서 꽃은 핀다

국보현대시선 118

초판 1쇄 인쇄 / 2013년 8월 10일
초판 1쇄 발행 / 2013년 8월 15일

지은이 서 병 진
펴낸이 임 수 홍
펴낸곳 도서출판 국보
편집 이윤숙 **디자인** 최정숙

주소 서울시 강동구 길동 395-3 2층
전화 02-476-2757~8, 7260 **FAX** 02-476-2759
카페 http://cafe.daum.net/lsh19577
E-mail kbmh11@hanmail.net

ISBN 978-89-93533-51-4

값 16,000원

「이 도서의 국립중앙도서관 출판시도서목록(CIP)은 서지정보유통지원시스템 홈페이지(http://seoji.nl.go.kr)와 국가자료공동목록시스템(http://www.nl.go.kr/kolisnet)에서 이용하실 수 있습니다.(CIP제어번호: CIP2013014246)」